Social Psychology

社交心理学

打造成功社交圈

吕　丹/著

九州出版社
JIUZHOUPRESS

图书在版编目（CIP）数据

社交心理学：打造成功社交圈 / 吕丹著 . —— 北京：
九州出版社，2021.12
ISBN 978-7-5225-0792-7

Ⅰ . ①社… Ⅱ . ①吕… Ⅲ . ①心理交往—社会心理学
—通俗读物 Ⅳ . ① C912.11-49

中国版本图书馆 CIP 数据核字（2022）第 011061 号

社交心理学：打造成功社交圈

作　　者	吕　丹　著
责任编辑	李　品
出版发行	九州出版社
地　　址	北京市西城区阜外大街甲 35 号（100037）
发行电话	（010）68992190/3/5/6
网　　址	www.jiuzhoupress.com
印　　刷	三河市德贤弘印务有限公司
开　　本	710 毫米 ×1000 毫米　16 开
印　　张	14.5
字　　数	160 千字
版　　次	2022 年 5 月第 1 版
印　　次	2022 年 5 月第 1 次印刷
书　　号	ISBN 978-7-5225-0792-7
定　　价	56.00 元

前 言
PREFACE

    这个时代是一个社交时代，社会中的每个人都需要社交，正如美国哲学家乔·桑塔亚所说："社交犹如空气，人离不了它"。现代人越来越重视社交，并积极开展社交活动，想要打造自己的社交圈，获得社交背后所隐藏的巨大财富。但是，我们时常会发现这样一种情况：有些人总能在社交场合游刃有余，侃侃而谈，不仅拥有好人缘，还有着广泛的社交圈；有些人则仿佛隐形于社交场合，总是不知所措，尴尬独处。这到底是为什么呢？

    其实，想要成功社交，打造良好的社交圈，仅参与社交活动还不够，还要懂得社交心理学。社交涉及人与人之间的交往，有交往行为必然会产生交往心理，交往行为也必然受交往心理的影响和制约，所以掌握了社交心理学，也就能掌握实用的社交技巧，自然就能够在社交中如鱼得水，建立自己的社交圈。

    本书旨在让广大读者了解社交心理学的相关知识，掌握实用社交技巧，轻松施展社交魅力。本书首先介绍了社交的相关内容，带领读者了解社交的内在魅力；接着帮助读者克服社交障碍，走出心理舒适区；然后引导读者高情商地说话、做事和与人相处，掌握社交技巧；最后帮助读者与陌生人、朋友、领导和同事以及客户构建密切关系，拓宽社交圈。

本书揭示社交的本质，从社交心理学的角度出发，助力广大读者轻松社交。本书摒弃空洞的理论说教，通过清新的语言、丰富的内容、生动的故事，让读者明白社交的本质，掌握高情商社交技巧，使读者在社交中游刃有余。

阅读本书，懂得社交心理学，掌握丰富的社交技巧，打造成功社交圈，助您成就魅力人生！

目 录
CONTENTS

第七章

重视与朋友的社交，友情也是需要维护的 // 149

第八章

看懂领导和同事，在职场中如鱼得水 // 173

第九章

抓住客户心理，寻求长期稳定的合作关系 // 197

第 一 章

魅力社交，打造你的社交圈

　　生活在现代社会，每个人都不可能脱离社会孤立地存在，我们需要与不同的人进行社会交往，建立各种各样的关系，以满足我们在不同方面的需求。

　　那么，究竟什么是社交，社交与心理之间存在着什么联系，我们又该怎么做才能成功打造自己的社交圈呢？

为什么需要社交

社交，即社会中的人际交往。生活中，我们每天都在和不同的人打交道，受他人影响的同时也影响着他人。那么，社交是如何产生的，我们又为什么需要社交呢？

社交是人的一种本能

当人类还在远古的时候，就已经学会了通过与同伴交往、集体行动的方式来保护自己，减少受伤害的机会，这种习性通过遗传不断传递给后代。到今天，与人交往已经成为每个人适应社会生活的一种本能，成为每个人与生俱来的一种能力。

社交让人有爱和归属感

人的一生总是有各种需求，也总在不断地追求，追求衣食无忧，追求锦绣前程，也追求美好生活。针对这种情况，美国心理学家马斯洛将人的需求分为五个层次，分别是生理需求、安全需求、社交需求、尊重需求和自我实现需求，这五个层次是逐层递进的。

随着社会生活水平的提高，人们不用再担心温饱和安全问题，于是开始追逐更高层次的需求，即社交需求。

所谓社交需求，就是通过与人交往建立情感上的联系，满足情感上的需求，包括亲情、友情和爱情等，即爱和归属感。在现代社会，任何人都不可能是一座孤岛，都希望有所归属，成为群体中的一员，也都希望爱与被爱。

人们时常需要参加一定的社交活动，也许是一场同事间的聚会，也许是朋友之间的聊天，人们在社交活动中或是传递信息，或是交流情感，无论是什么形式的社交活动，也无论是什么目的，人们都能从中获得快乐。

在电影《荒岛余生》中，主人公查克不幸遭遇空难，漂流到一座荒岛上。在这座空无一人的岛上，出于对社交的极度渴望，查克和一个排球交了朋友，他将排球当成一个人，每天都和它说话，倾诉着自己的孤寂，这使他的生活不至于彻底失去希望。也正是靠着这个排球（幻想中的人）给他带来的希望、安慰和快乐，他才有了继续在岛上生活下去的勇气。

就像这部电影中的主人公一样，很多时候，我们都需要正常的社交，我们需要在与人交往的过程中体会爱与尊重，需要在来自他人的肯定中更加明确地感受到自己的价值。

有社交才有社交圈

要想让一滴水不干涸，最有效的办法就是把它放到大海里。人也是一样，一个人如果想要有所作为，最好的办法就是通过正常的人际交往，使自己融入社会的海洋中，打造属于自己的社交圈，并从各种社会关系中汲取营养，使自己变得越来越强大。

可以看出，打造自己的社交圈，首先要做的就是社交，有社交才会有社交圈，没有了社交，社交圈也就无从谈起。

社交具有互利性，在一场社交活动中，我们会传递和收获信息，会得到情感上的满足，甚至会得到好的发展机会，而他人也会从中获得一定的满足感。

小吴是某公司的员工，有一天他带着一坛酒去上司的家里拜访："上次答应请您喝的酒我已经酿好了，您尝尝看吧。"上司觉得很奇怪，自己什么时候跟职员说要喝酒了呢？

原来，上个月公司聚餐时，小吴曾和上司提起，自己家乡有一种自酿酒味道非常好。上司当时就说："有机会的话，可一定要让我尝尝你自己酿的这种酒哦！"小吴立马答应了下来。

其实，上司的这番话只是随口说的，谁知道小吴却认真记下了，并且真的特意酿好了送过来。

经过这件事，小吴深得上司喜爱，在以后的工作中，上司也总是会给他一些关照。

　　上司之所以对这位员工产生好感，其实就是因为在与员工的交往中，上司感受到了员工对自己的尊重与重视，极大地满足了自己的社交需求。与此同时，员工也在这次的社交中得到了上司的赏识，为自己赢得了更好的职业发展机会。

　　我们需要交流，渴望归属感，希望爱与被爱，渴望快乐，所以社交对于我们每个人甚至社会而言，都是必不可少的活动。现如今不断出新、各式各样的社交软件就证明了这一点，也说明了社交是人们生活的一部分，也是社会的重要组成部分。

社交与心理

很显然，社交就是人与人的交往。进一步来说，人与人的交往，往往也是人心与人心的交流。这里的人心指的是人的心理。所以，社交与心理的关系必然会成为一个热议的话题。那么，社交与心理到底有着怎样的关系呢?

社交行为源于心理需求

人们都能深刻地感受到社交对于一个人成长的重要性。通过社交，我们可以获得许多想要的东西，如使我们得到物质上的满足，获得某种情感体验，增强某方面的能力等。从根本上说，我们想要获得的事物所代表的就是我们的某种心理需求。这样来看，我们的社交行为与我们的心理需求有着密不可分的关系。

可以说，我们所表现出的某种社交行为主要源于我们的某种心理需求。比如，如果我们想招揽回头客，那我们就应该热情地对待客人，多与客人沟通，让客人满意；如果我们想追求自己爱慕的对象，那我们就要大胆地向他／她表达出我们的心意，用温暖的行动感动他／她；如果我们想得到领导的赏识，那我们就要勤恳工作，用实际行动证明自己的能力。

认识社交心理学

我们的社交水平在一定程度上反映着我们的素质与能力，对我们的成长与发展有很大影响。如果我们想要拥有较高的社交水平，就必须塑造健康的社交心理。只有社交心理是积极的、向上的，才能让我们的社交行为朝着正确的方向前进，从而更好地达到我们的社交目的。

其实，关于社交与心理的研究早已形成了一个专门的学科，即社交心理学。社交心理学是心理学的一个分支学科。从字面上理解，社交心理学就是研究人与人交往时的心理的学科。更深入地理解，社交心理学是研究交际双方在互相影响、彼此作用的过程中心理与行为发生、发展规律的一门学科。

社交心理学的学科研究其实是以普通心理学的知识为基础的。因为我们的社会交往行为往往受心理的影响和制约，所以研究社交心理学必然要以心理学为基础。

社会学也是社交心理学研究的基础。生活在这个社会上，我们的所有活动都会受到社会的制约。也就是说，我们的心理会受我们所处社会的影响和制约。虽然社交心理学主要研究的是人们在彼此作用、互相影响过程中的心理活动规律，而社会学主要研究的是人们的社会关系，但在研究社交心理学的过程中必须借助一些社会学的理论及研究成果。

社交心理学还与管理心理学、思维科学、伦理学等学科联系密切。比如，在研究社交心理学时，我们可以从管理心理学中的人际关系理论、群体组织理论中汲取一些经验；我们可以借助研究思维科学的办法研究人脑，进而分析出社交心理；还可以从道德准则的层面入手，研究与人交往时的心理等。

社交心理学的功能

社交心理学拥有三大功能，了解这三大功能，能让我们更加清楚社交的目的与意义，促使我们积极社交。

一、社会交往活动是获取信息的重要途径

人要想进步就必须不断地与他人交流信息。我们从外界获取的信息大多数都来自与他人的社会交往活动。其实，我们之所以拥有丰富的信息储备，很大程度源于与他人的社交活动。通常，我们的大脑会对大脑中储备的各种信息会以极快的速度加以筛选、提取，这会让我们的思维在不经意间得到扩展，使得我们增加了知识，改善了知识结构，形成了新的思想。而社交心理学正是研究社会交往中人的心理问题的学科，它让人们意识到获取信息的重要性，并为人们指出一些获取信息的途径。

二、有助于形成良好的人际关系

懂得社交心理学可以让我们在与别人相处时，能够从别人的角度考虑问题，会顾及别人的利益，而这有利于形成良好的人际关系。比如，当我们发现新来的同事总因为忘记打卡而扣工资时，可以时不时地提醒他："今天打卡了吗？别忘了哦。"一句简单的话语，就能让新来的同事觉得我们很暖心，进而愿意与我们建立良好的关系。

三、使人拥有好人缘

好人缘不是等来的，而是靠积极的行动换来的。拥有好人缘的人通常具有积极、智慧、个性、真诚、幽默、替他人着想、活力四射等特征。通常，一个总是封闭自己、性格孤僻的人，往往不会社交。站在人群当中，这个孤僻的人也最不容易被发现，不会社交也就不能让别人看到其独特的个性魅力。不会社交不可怕，可怕的是永远封闭自己，不给自己与他人社交的机会。要知道，好人缘是通过社交活动形成的。在一定的社会环境中，我们通过参与一些活动，凭借语言和姿态与他人进行交流，从中彰显自己的个性，形成自己的人格魅力，最终广交好友，形成好人缘。

和谐的人际关系是一笔无形的财富

社交是我们生活的一部分，如果没有一个和谐的人际关系，那我们的生活、工作将不能正常进行，我们的心理健康也会受到影响。而如果能建立和谐的人际关系，那就意味着我们可以和谐愉快地与人相处，生活和工作相对就会更加舒适和愉悦。这样看来，拥有和谐的人际关系就相当于拥有一笔无形的财富，它能促进我们发展，也能优化我们的生活。我们经常会说："多个朋友多条路""和气生财"等。可见，对于个人和群体而言，拥有和谐的人际关系是多么重要。

判断人际关系是否和谐的依据

人际关系是我们在生产、生活中建立的一种社会关系，它对我们的行为和心理都有着显著的影响。通常，和谐的人际关系利于我们的发展，而不和谐的人际关系则容易阻碍我们的发展。

要评判某种人际关系是否和谐，可以从两个方面来看：一是看表现，二是看特征。

和谐的人际关系有以下几种表现：与人交际时，互相理解、尊重、接纳；为人善良、待人真诚。

和谐的人际关系还有以下几个特征：与人交际时，可以平等地相处；每个人都得到充分的尊重与宽容；人与人可以以诚相待，彼此信任；人们总能保持友善的态度。

我们要想在这个社会中更好地生存，要想拥有美好的未来，那就要不断进行心理调试、行为修正，与他人和谐、友好地相处。可以说，建立和谐的人际关系是每个人都应该努力奔赴的目标。

和谐的人际关系非常重要

和谐人际关系的作用具体体现在以下三个方面。

一、可以让人们更加团结，产生更大的力量

我们经常说的"人多力量大""众人拾柴火焰高""三个臭皮匠赛过诸葛亮"等都说明了这样一个道理，即若干个力同时作用在一起就会产生一种惊人的合力。实际上，这也体现了人际关系的力量。当我们拥有了和谐的人际关系，就会形成一种合力，那么在遇到困境或是要完成一项任务时就能团结一心，产生强大的力量，最终顺利渡过难关或达成目标。

二、可以让人更加健康

当与人发生矛盾时，如果我们能顾及彼此的感受，那么就会以平

和的心态应对，就不容易因愤怒而生病。相反，当我们与人发生矛盾时，如果我们总想胜过别人，那么我们就容易愤怒，血压会上升、心跳会加速，容易引起疾病。因此，注重保持和谐的人际关系，利于我们保持健康。

三、可以提升工作效率

如果我们经常与同事交流沟通、和睦相处，彼此之间就会形成和谐的人际关系，利于提升工作效率。如果一个企业中员工与员工之间、员工与领导之间经常发生矛盾，那么很容易让工作的氛围略显压抑，从而影响工作的效率。

怎样建立和谐的人际关系

生存于世的我们，不可避免地要与各种人交往，包括我们的亲人朋友、单位同事，甚至陌生人等。与这些人交往，最终目的是建立起一种和谐的人际关系。而和谐人际关系的建立是有很多讲究的，不妨试试以下几种方法。

一、讲文明、懂礼貌

要想与别人建立和谐的人际关系，首先得让别人对我们产生良好的印象。也就是说，我们要做到基本的"讲文明，懂礼貌"。比如，在与长辈或领导聊天时，注意要用准确的敬语，"请问，您……"；在与女性交往时，注意言语和行为要得当，表示出自己对女性的尊重，遵循"女士优先"的原则等。只有做到讲文明、懂礼貌，别人才愿意与我们继续交往下去，也才能建立和谐的人际关系。

二、敢于拒绝别人，指出别人的问题

拒绝别人，指出别人的问题并不等于会伤害别人。当别人不清楚所做的事情是错误的时候，我们的拒绝很可能会提醒他们意识到自己做法有不当之处，也可能引导他们对自己进行反思，最终及时改正。因此，敢于向别人说"不"，直击别人的问题，有时也是在帮助别人。当别人意识到当初自己的做法有误时，会很庆幸有我们的拒绝和指点，进而愿意与我们这样爱讲真话的人继续交往。

小赵和小王是关系不错的室友。但是，小王有一个不好的习惯，就是过度消费。这一点，小赵已经多次劝导，但始终无效。

一天小王又看上了一款昂贵的手表，但没有那么多钱。于是向小赵求助："亲爱的，我喜欢一款超好看的手表。但是，我的钱不够，你能借给我两千块钱吗？我下个月 10 号就还给你。"小赵很果断地回道："借不了。你现在的消费行为已经超出你的能力范围。你应该多攒点钱，留着在关键的时候用，而不应该将钱花在一些昂贵的装饰品上。"对此，小王有些失落，但仍然没有打消要买那款手表的念头。

还没筹够钱，小王就出了一个小意外——小腿骨折。这次小意外，也让小王意识到，存钱有多重要。假如当时进入医院时，自己的钱包里一分钱没有，后果将很难想象。在家修养的这段时间里，小赵给了她不少帮助，会陪她聊天，也会给她做一些营养餐，让她早日康复。慢慢地，小王发现小赵之前说的话确实很对，不应该那样毫不顾忌地消费。经过这件事之后，小王变了很多，还学会了理财，小王与小赵的友谊也变得更加深厚。

三、投其所好，看人"下菜碟"

这里的投其所好并不是毫无底线地巴结别人，而是在不伤害彼此和不影响彼此关系的前提下适当地顺应别人，满足其需求。这种方法更适用于较为熟悉的人。比如，如果你的好朋友喜欢养花，那去她家做客时不妨去市场上选一些特别的花作为礼物，给她的小花园增添一点新气息；如果你的朋友喜欢看电影，恰巧自己有单位发的电影票，不妨借花献佛，将票送给朋友，让其看一场不花钱的电影。

如果面对的是不太熟悉的人，看人"下菜碟"，就是对不同的人采取不同的交流方式。如果面对的是小朋友，那就要多一些温柔、亲切；如果面对的是老人，那就要多一些耐心；如果面对的是男人，那就要给予其一定的面子；如果面对的是女人，那就要多一些细心等。我们努力地让别人感到舒适、开心，就可能被别人接受，从而有机会与其进行更深入的交际。

小昊是一名化妆品销售员。虽然是男生，但他每个月的业绩并不比女同事差。因为他深知在面对女性顾客时应该保持足够的耐心。一天，小昊遇到了一位比较特殊的顾客，一位聋哑人。这位顾客进门时，小昊很热情地打招呼，但并没得到顾客的回应。这位顾客径直走向了柜台，自行挑选着化妆品。小昊觉得这位顾客有些不一样，于是静静地在旁边观察了一会儿。

这时，顾客拿起了一管口红想要在自己的嘴唇上试一下颜色。小昊见状，马上抽出一张纸巾递到了顾客面前。这位顾客一边接过纸巾一边对小昊点头笑了一下。小昊意识到，这位顾客可能是聋哑人。为了能为顾客介绍适合她的口红色号，小昊决定通过手机打字来向客人讲解。就这样，小昊一边耐心地提出建议，一边教给顾客一些化妆的小技巧。最终，小昊帮助顾客选到了一款很满意的口红。之后，只要这位客人一来店里，都会直接找小昊推荐。慢慢地，两个人成了很好的朋友。

四、懂得换位思考

因为每个人的身份地位、年龄、性格以及所处环境不同，对待事物会有不同的观点，并会产生不同的行为，所以在与别人打交道时，不可避免地会产生误解，甚至发生矛盾。为了杜绝这种情况的发生，就必须懂得换位思考。

换位思考需要做到两点：一是要把自己假设成别人，二是把别人想象成自己。如果我们能从别人的角度考虑问题，那么我们就能做到将心比心、设身处地，能真正做到理解和关爱别人。比如，一些领导会批评刚入职的新人不能按时完成工作任务，做事马虎，其实想想自己在刚进入职场时也经常会毫无头绪，容易犯错；朋友们聚在一起抱怨某个朋友总是扫兴不能参加大家的聚会，其实想想如果自己上有老下有小，既要照顾年迈多病的父母又要陪伴年幼的孩子，那也很难抽身出来与大家相聚。因此，我们不要一味地责怪别人，而应该学会换位思考，这样才能与别人建立和谐的人际关系，与自己和解。

适合自己的社交圈，才是好的社交圈

每个人的成长环境、性格都各不相同，喜好自然也不同，所以在选择社交圈时，应该选择适合自己的。因为适合自己的社交圈，才算是好的社交圈。

选择适合自己的社交圈很重要

其一，让人更加自信

因为只有在适合自己的社交圈中，我们才能找到与自己有共同语言的人，可以彼此分享经验，互相影响和帮助，找到自我存在的价值，从而更加自信。

比如，擅长摄影的人往往喜欢观察，善于发现美的人和物。这样，当面前有各种各样的社交圈出现时，热爱摄影的人会倾向于选择跟自己志同道合的人相伴，可以是摄影师，可以是模特等。他们可以互相交流摄影技巧，可以聊一聊难忘的摄影经历，说一说拍照或是旅行中看到的令人震撼的自然景观或宏伟建筑等。总之，在擅长的事情面前，我们总能滔滔不绝，并充满见解，也会变得更加自信。

其二，发现自己的不足

在适合自己的社交圈中，我们可以更理性地分析问题，发现问题。在社交圈中，通过与其他人接触，我们会发现一些自身的不足，如性格有些孤僻，口才需要提升，做事有些鲁莽，遇事不够冷静等。如果能及时发现自己的不足，就能及时改正，让自己变得更好。

阿瑞下班之后喜欢跟几个同事一起骑车回家，这样既可以减少路上堵车的麻烦，又能节省打车的费用。在路上，同事们还可以聊工作、聊家庭等。通过与其他两位同事聊天，阿瑞突然意识到，自己作为丈夫太不称职，亏欠了妻子。这两位同事每天的工作强度不比自己小，但回到家中，不管有多累都会尽可能地帮妻子分担一些家务。每逢一些重要的节日或值得纪念的日子，他们也会提前准备礼物，给妻子制造惊喜和浪漫。想想自己，结婚这么多年，好像从来没有给妻子买过什么礼物。阿瑞觉得自己虽然算得上是一个很看重家庭的人，却将家里的一切琐事都交给了妻子，也很少顾及妻子的情绪和需求。对此，阿瑞进行了深刻的反思，并决定要改变自己，让妻子感受到自己对她的关爱。

其三，增进友谊

在适合自己的社交圈中，我们能遇到跟自己有着相同兴趣和目标的人。这样，我们就能在彼此理解的基础上，互帮互助，从而建立起深厚的友谊。比如，喜欢下棋的人在彼此切磋棋艺的过程中会慢慢地发现并认同棋友的处事态度和做人原则，友谊也会随之增进；喜欢跳舞的人可能因为经常合作而相识相知，最后成为要好的朋友；销售人员经过一段时间的历练，深知"以顾客为中心"的道理，能在与顾客的互相交往中体会到每一份工作都是需要真心付出的，从而增加与顾客之间的信任度。

适合自己的交际圈会让我们变得自信，让我们发现自身的不足，也可以增进我们与他人的友谊。总之，只有找到适合自己的交际圈，才能让我们更好地成长。

如何找到适合自己的社交圈

要想找到适合自己的社交圈，那就要掌握一些步骤和方法。首先可以初步判断，接下来就要亲身体验。

一、初步判断

在还未进入某个社交圈之前，我们就可以判断出其是否适合自己。若发现不适合，就不要加入，继续寻找其他的社交圈。

通过观察和判断，我们可以了解到一个社交圈的主要人群和所涉话题，从而可以初步判断出自己是否适合它。比如，一个年轻人就不适合将自己的社交圈锁定在老年人的圈子中，一是年轻人与老年人的目标不同，年轻人正处在努力奋斗的年纪，需要向前冲，努力闯，而老年人则更多的是享受当下的生活；二是年轻人与老年人的兴趣爱好不同，如在运动方面，年轻人更喜欢跑步、蹦极、踢球等，而老年人喜欢广场舞、下棋、钓鱼等。

另外，我们可以间接地询问一些正处在这一社交圈中的人们，了解该社交圈更详细的情况，做出更加精准的判断，这样我们就可以结合自身的情况，判断并决定是否要选择这个社交圈。

最近，小汪想选择一项适合自己的体育运动来强身健体。但是，小汪每天需要早起上班，晚上到家都得 7 点之后，所以他只能在晚上 7 点之后进行一些运动。这一作息情况给小汪选择一项体育运动增加了很大难度。为了少走弯路，小汪决定咨询一些身边的同事或朋友。经过多方打听，小汪得知，公司里有几位同事经常会在下班之后去游泳馆游泳，公司附近还有一个 24 小时营业的健身房。让小汪很惊喜的是，竟然可以有这么多选项。经过认真地分析和权衡，小汪决定跟几位同事一起去游泳。很快，小汪就成了游泳小团队中的一员。

可见，当我们不清楚某个交际圈是否适合自己时，可以通过各种渠道去了解它，经过认真分析，结合自身状况，最终做出正确的选择。

二、亲身体验

"实践是检验真理的唯一标准。"唯有亲身体验才能真正感受和判断出某个社交圈是否真的适合我们。通常，凭借观察以及他人的描述，我们可以对所要选的社交圈有一个大概的了解，做出一个初步的判断。但初步判断还不足以证明某个社交圈是否真正适合我们。另外，一个人的社交圈会随着时间和环境的变换而发生改变，所以这一阶段非常适合自己的社交圈可能在下一个阶段就不适合自己了。对此，亲身体验非常关键。

我们需要真正地融入所选择的社交圈，然后认真感受，在这里是否舒适，是否能有所收获，能否达成目标，科学判断出是否适合自己，最终决定是去是留。

刚毕业的时候，芳芳特别热衷于旅游，每逢假期，一有朋友组织旅游，她都会第一个参与进来。芳芳很享受与朋友们穿梭于各个城市的大街小巷、品尝当地的美食、用照片记录下美好瞬间的时光。

在一次旅途中，芳芳收获了爱情。接下来的几年，芳芳又是结婚，又是怀孕生子，忙得不亦乐乎，根本没有时间去旅游。如今，每当从朋友圈中刷到朋友上传的去各地旅游的照片时，芳芳都会非常羡慕。同时，芳芳也意识到，现在的自己已经不是一个人，不能像之前那样肆无忌惮地玩了。可见，之前那个一起旅游的社交圈已经不适合现在的芳芳了。

第 二 章

克服社交障碍，
走出你的心理舒适区

　　没有人天生就是社交高手，大多数善于社交的人都经历过后天的培养和锻炼。他们也遇到过很多心理障碍，如自卑、羞涩、偏见、孤傲、封闭等，甚至也曾想"蜗居"在自己的心理舒适区而不愿出来，但他们勇于克服社交障碍，最终成为社交达人。实际上，对于我们每个人而言，每一次社交都可能会成为我们发展的一个契机，也可能带给我们巨大的惊喜。所以，不要让那些心理障碍阻挡了我们的社交之路，我们应勇敢走出自己的心理舒适区，积极社交，广泛社交。

不用自卑，你不比别人差

自卑是一种消极的自我评价或者自我意识。自卑时常会让我们觉得"我太差了""我做不到"等。自卑是阻碍我们开展社交活动的绊脚石，也会影响我们的未来发展。所以，我们不能自卑，也不用自卑，因为我们不比别人差。

自卑对社交的影响有多大

自卑犹如天空的乌云，它会毫不留情地掠走温暖的阳光，试图用庞大的身躯将我们笼罩在黑暗之中。在社交过程中，自卑心理更是要不得，它会对我们的社交产生不利影响。

首先，自卑会让我们越来越封闭自己，没有勇气与别人交往。我们会发现，每次邀请同学、同事或朋友参加聚会时，都有一些人以"我有事要忙，下次吧""我加班，不能去了"等理由拒绝。有的人的确因为有事要忙不能参加，但有些人则并非真的有事要忙，而是由于他们内心过于自卑而不敢与别人社交。他们或许是因为自己的长相不出众而自卑，也或许是因为当前的生活状态比不上别人而自卑。但自卑的心理让他们将自己封闭了起来，也让他们失去了与人社交的勇气。

其次，自卑会让我们变得不懂拒绝。很多人会因为自卑而不愿说出自己真实的想法，不懂得如何拒绝，这样不仅委屈了自己，还无益于社交。

从小受家庭环境的影响，小王一直很自卑，既不善于与人交往，也不懂得如何拒绝。一天，小王应邀参加了一位同事的生日聚会。在聚会上，热情的同事为在座的每一位夹菜。到小王时，这位同事悄悄地问："你喜欢吃什么？羊排可以吗？"原本不吃羊肉的小王只能硬着头皮说："都可以。"当油腻的、充满膻味的羊排摆在小王的盘中时，他顿时觉得没有胃口了。无奈，从头到尾，小王都没有吃一口羊肉，只吃了几口青菜。

第二天，当那位过生日的同事遇到小王时问道："昨天的菜还可以吧？你最喜欢哪道菜？我觉得羊排最好吃。"小王一边回想着昨天都有哪些菜，一边想着如何回复，可最后只能回一句："都挺好的。"同事听了先是一脸疑惑，然后礼貌性地笑了一下。渐渐地，小王发现很少有同事会向自己提出聚餐的邀请，即便有也会再三询问是否有忌口。

其实，只要小王克服一下内心的自卑心理，勇敢地说："不好意思，我不吃羊肉的，给我一盘素菜我就会很开心。你们就尽情地品尝各式羊肉吧。"这样既不会让自己的肚子受委屈，也能更好地与同事增进感情。

最后，自卑会让我们否定自己。自卑的我们往往会自我否定，这样在社交过程中很容易误导别人对我们的工作或是学习能力形成不准确的评价，从而错失许多成长的机会。

社交中要学会克服自卑心理

很多人深陷自卑泥潭中而无法自拔，不懂得如何克服自卑，也不懂地如何自信社交。自卑与自信，仅一字之差，却有天壤之别，所以在社交中要克服自卑心理，让自己在社交中变得大方、自信、有魅力。以下几种克服社交自卑的方法不妨一试。

一、注重言谈举止

在社交中，我们要注重自己的言谈举止，得体的言谈举止能够让我们更自信。在与别人谈话时，我们应该抬头挺胸，表情自然，注视着对方的眼睛，一方面是为了让对方感受到我们的真诚，另一方面也能显示出我们对对方的尊重。保持端庄、自然、坚定的状态能让我们变得更有精气神，会越来越自信。在与人讲话时，声音清脆、洪亮，咬字清楚，语调自然。必要时，我们可以穿插一些手势，让话语更丰富、有趣，让我们显得更健谈，也能缓解紧张、尴尬的气氛。

当我们因为极度紧张而不知道说什么的时候，千万不要一言不发，没有任何表情和反应，否则会让对方误以为我们很冷漠、高傲。我们可以保持微笑，多用一些礼貌用语，如"您好，很高兴认识你""非常感谢"等，让别人感到舒适。

言行得体，会让我们更加自信，摆脱自卑心理，自然也容易给别人留下好印象，利于深度社交。

二、正视自己的缺点，勇敢社交

自卑的人常常会因为自己的身世、受教育程度、相貌、工作、性格等不如别人而不能自信社交。对此，我们应该清楚，没有百分之百完美的人，每个人都有这样或那样的缺点。在社交中，我们无须掩饰自己的缺点，更无须强调自己的缺点，我们应该正视自己的缺点，同时凸显自己的优点。比如，如果我们的家庭很普通，那我们可以让别人看到我们端正的品行；如果我们的样貌很普通，那我们可以让别人感受到我们善良的心；如果我们的学历不高，那我们就应该让别人看到我们踏实肯干的态度等。当别人看到了我们身上端正的品行、善良的心地、踏实肯干的优点时，也会更愿意和我们交往。所以，我们应直面自己的缺点，克服自卑心理，勇敢进行社交。

三、转移注意力，远离自卑情绪

自卑的人往往敏感而脆弱，常因为某个人的一句话或一个行为而耿耿于怀，却无能为力，进而将自己包裹起来，将自己与外界隔离。如果发现自己出现这种状况，就要想办法转移注意力，让自己远离自卑情绪。比如，可以读读书，在增长知识的同时，让自己的心境变得更平和；也可以主动约好友出门喝杯咖啡，聊聊天，驱赶因自卑而带来的消极情绪。

拒绝羞涩，别太在意他人的眼光

羞涩指因为害羞心理而表现出的行为拘谨、不自然。在社交过程中，我们常会发现这种情形：有的人谈吐自如，轻松随意，有的人则言谈拘谨，不知所措。其实，在社交中，人们时常会出现紧张、慌乱的情况，这主要是羞涩心理在作怪。内心羞涩，就会在意他人的眼光，在社交中就会不自在，进而影响社交的正常进行。

社交中羞涩的表现及不利影响

在社交中，羞涩的典型表现有脸红、说话声音小、表情紧张、身体发抖等。如果我们一讲话就脸红，那么别人很可能会怕伤害我们而变得小心翼翼；如果我们讲话总是有气无力，那么别人也会渐渐失去与我们继续聊下去的兴趣；如果我们因为紧张而变得表情严肃，那么不熟悉我们的人会觉得我们有些冷漠；如果我们一与陌生人讲话就身体发抖，那么也会让别人感到很紧张和尴尬。

在社交中，羞涩心理不仅会影响沟通，还会使我们丧失一些成长的机会。

小霍是个非常羞涩的人，一天，由于人手不够，经理安排入职不久的小霍去见一个重要的客户。小霍还没出公司门，就开始紧张。当见到那位客户时，小霍竟然一上来就坐在了客户对面，甚至忘记了进行问候和自我介绍，这让客户一头雾水。经过客户提醒，小霍这才满脸通红地对客户说："您好，我是×××公司的小霍。"随即，小霍颤抖地打开了自己的电脑，一边瞥着自己整理的笔记，一边磕磕巴巴、小心翼翼地说着工作内容。当客户询问一些细节问题时，小霍因为紧张而总想快点说完，所以回答得很不全面，这也使客户非常不满。这件事之后，小霍的经理很少再安排她去见一些重要的客户，小霍也因此失去了很多晋升的机会。

克服羞涩有办法

在社交中，如果我们想克服羞涩、落落大方地与人交谈，那么就要采用以下几种方法，来克服自己的羞涩心理。

一、做好充分的准备

"凡事预则立，不预则废"，凡事做好充足的准备，才有可能成功。当我们要见客户，尤其是陌生客户时，就要提前多了解他们一些，这样我们在与其交流时就不会那么紧张和害羞，沟通也会更加顺利。当我们要当众讲话时，应该提前到场熟悉环境，并且在现场多练习几次，这样我们在面对众人讲话时就不会慌乱无措，也会更加自信。

二、保持微笑

在社交场合中，当我们因为羞涩而不知道和别人说什么时，不妨微微一笑，让别人感受到我们的亲切，这样别人就会愿意主动和我们交流，我们也就可以顺着别人的话题展开交流。

小颖是一个很容易害羞的人，在公司中午休闲的时间，她总是一个人待着，很少和人聊天，因为害羞的她不知道和同事说什么。即便这样，大家对小颖的印象都非常好。这是因为小颖是一个爱笑的女孩，当与别人见面找不到聊天的话题时，她总是笑咪咪的，让人感觉很舒服。有时，别人看到爱笑的小颖时也会忍不住想要和小颖聊天。

三、将别人想象成自己的亲人

在社交中，如果我们一看到某人就很羞涩，更不知道如何开口，那不妨可以将其想象成自己的亲人，这样就会慢慢拉近彼此的心理距离，大方地向别人说出自己的想法。

四、忽视他人的眼光

之所以害羞，其中一个重要的原因是太在意他人的眼光，别人的一句话、一个行为、一个眼神都可能会使原本羞涩的我们不敢自信表达。所以，在平时的社会交往中，不必太在意他人的眼光。你会发现，当你忽视他人的眼光时，你会变得内心强大，也会变得更加自信。

抛弃偏见，不要戴有色眼镜看人

偏见容易让我们带着沉重的负担工作、学习和生活。在社交中，偏见容易蒙蔽我们的双眼，打乱我们的思绪，让我们对别人产生误解，从而难以建立起良好的关系。因此，在社交中，就要抛弃偏见，摘下那副令人不悦的有色眼镜。

不偏不倚，拒戴有色眼镜

之所以说偏见是一种错误的态度，主要是因为我们对别人的认识与评价是片面的、偏颇的。在社交中，一定不要戴着有色眼镜来看人，不要认为北方人都性格粗犷，而忽视对他们的照顾；不要因为他人相貌一般，而对其评头论足；也不要认为他人出身贫穷，而对其不理不睬；更不要因为他人身份显赫，就对其阿谀奉承。总之，在社交中，请摘掉有色眼镜，真诚地对待每个人。

　　小吴和妻子终于靠两人的努力攒够了买房的首付款。一天，两人带着积蓄，高高兴兴地到了一家房地产中介公司。

　　一进中介公司的大门，就看到好多穿着体面的人正在与房产经纪人商议着买房的事情。两个人在那等了足足 10 分钟都没有人接待。终于，一个女孩走过来说："你们好！是过来租房子的吧？请稍等一会儿，店里现在有几个买房的客户，等忙完就来帮你们看看有没有合适的出租房。"小吴和妻子互相看了看彼此后尴尬地笑了笑，随即转身离开，进入了另一家中介公司。

　　显然，这个女孩是根据他们的穿着才判断出他们是来租房的而不是买房的，这种戴着有色眼镜看人的行为，不仅伤害了客户，也丢失了卖房涨薪的机会。

　　可见，如果在社交中戴着有色眼镜看人，不但容易伤害别人，还会让自己失去一些东西。

如何抛开偏见

　　在社交中，最忌讳戴着有色眼镜看人，因为你的态度也决定着别人对你的态度。要想打造好的社交圈，得到别人的真诚对待，那么就要抛开偏见。如何才能抛开偏见呢？不妨试试以下几种方法。

一、平等交往

　　在这个世界上，人人都是平等的，我们应该公平地对待每一个人。在社交过程中，更要秉承这种观念，因为平等地交往，才会让交际更顺畅，也才能塑造自己的好人缘。在社交中，我们不以貌取人，不轻视他人，也不巴结他人，在公平对待他人的同时，也能得到别人的尊重。

二、宽以待人

偏见这种观念的背后，实际上还隐藏着很多不好的因素，如无知、狭隘等。因为无知，所以误解他人，对他人形成偏见；因为狭隘，所以容不下他人，处处针对他人。试想，这样如何与他人建立良好的关系，如何打造自己的社交圈呢？

对此，我们要宽以待人，要对他人多一分理解和宽容。要知道，你的宽容以待，也会换来他人的真诚对待。当以宽容的心态与周围的人交往，就会发现当初的偏见和狭隘已经不见了，有的只有融洽的社交关系。

三、避免先入为主

在社交中，要想不偏不倚地看待和对待他人，就不能先入为主，要客观地待人看事。比如，面对言语较少、缺少热情的同事，我们很可能认为他为人高傲，不好相处，当我们深入了解后，可能会发现他面冷心热；对于领导，我们总对其敬而远之，认为领导就爱挑刺、批评人，当我们站在领导的角度去考虑，可能会发现，领导也有其难处，有些事情也不得不为。

所以，在社交过程中，我们一定要避免先入为主，否则很容易因为我们的偏见而误解他人，影响与他人的关系。

放下孤傲，试着和他人接触

孤傲的人往往性情冷淡，不合群。孤傲的人特别看重自我，所以几乎不会顾及其他人的情感、意见或利益。因此，孤傲的人往往很难收获友谊，更难以建立起属于自己的社交圈。我们应该学会放下孤傲，尝试和他人交往，而不应该将自己封锁在一个自我封闭的空间中。

孤傲让我们难以顺利社交

孤傲的性格产生的原因有很多，可能是因为我们的生活空间过于封闭，没有机会与其他人进行交流；可能是因为我们没有从父母及亲人那得到足够的关爱，缺失安全感，只想封闭自己；可能是因为我们被家庭成员保护得太好，无须自己去思考一些问题；也可能是因为我们过度自卑，总觉得自己不够好，害怕自己的某些缺点被发现而故作高冷。

但无论是哪种原因，孤傲的性格都会影响我们社交的顺利进行。早上到公司，如果我们与同事擦肩而过却连声招呼都不打，同事肯定会觉得我们没有礼貌而不愿意和我们多接触，进而会影响我们的工作；如果在同朋友聚会时，当其他人都沉浸在热闹氛围中，而只有我们格格不入地独自坐在角落，朋友肯定会认为我们不好相处而不再邀请我们。在社交中，孤傲带给我们的只有孤立和孤独。

小刘是个性格有些孤傲的人，而这种性格也给她的工作带来了一些影响。

刚刚入职一家公司的小刘下班前收到公司领导的通知：下班后，全体同事前往×××地参加公司举办的周年庆典。小刘一向对这种聚会不感兴趣，她宁可在家看电视，也不愿参加这种热闹的庆典。于是，小刘在下班的时候就趁人不注意回家了。小刘认为自己是新人，不会被领导发现不在场。没想到，领导还是发现了小刘没有到场。

第二天一上班，小刘就被领导叫到了办公室。领导问小刘："为什么不参加庆典活动？没看到通知吗？"小刘将头一扭，不想做任何解释。看到小刘这种态度，领导非常气愤，但也没有说什么，只说了一句"下次公司活动要积极参加"。

自此之后，小刘就被领导和同事贴上了孤傲的标签。可想而知，小刘再想融入公司群体，并想在公司获得长足发展是非常困难的。

放下孤傲，方能广泛社交

唯有放下孤傲，我们才能广泛地社交，也才能收获更多的友谊和情感。

一、谦虚有礼

谦逊有礼一直以来都是我国的优良传统，在社交中的体现尤为明显。谦虚的言行会让别人感觉我们平易近人，十分好相处，会让别人更愿意和我们交往。比如，当自己在工作上取得一些成就并受到他人的夸奖时，我们可以说："谢谢大家，这都是大家共同努力的结果"，而不应该闭口不语表示默认或是表现出"我本来就很厉害，这还用你说吗"的样子。谦虚能让人放下孤傲，能使人进步，也能使人更好地进行社交。

二、学会欣赏和赞美别人

孤傲的人总是看不到别人的优点和长处，总是以挑剔的眼光看人。所以，为了改变孤傲的性格，我们要去发现别人身上的闪光点，要学会欣赏和赞美别人。比如，你的室友虽然有邋遢的毛病，但他心地善良，乐于助人，此时你就不应总纠结他的一些小缺点，而应看到他身上的优点，并毫不吝啬地加以赞美，这样你会收获新的友谊。再比如，你的同事虽然不善言辞，不苟言笑，但工作能力极强，此时你就不能只将目光聚焦在他的外在表现上，还要发现他内在的魅力，并对其进行夸赞，相信你们的关系会更加融洽。

三、意识到团结的力量

孤傲之人往往更愿意独来独往，但处在社会这个群体中，很多事情依靠个人是很难完成的。所以，我们要放下孤傲，不要总是孤军奋战，应融入群体，此时你会发现团体的巨大力量。

有这样一只小蚂蚁，它性格孤傲得很，从不愿与其他小蚂蚁一起出门劳作。有一天，这只小蚂蚁寻找到了一大块食物，它决定自己搬回家。可是，小蚂蚁尝试了各种方法，都没能让这块食物动一下。正当小蚂蚁因为体力透支而准备放弃时，旁边走来了一群蚂蚁。那群蚂蚁中的领队问："需要帮忙吗？这么大块的食物，你自己不可能搬得动。"小蚂蚁心有不甘，但又无能为力，只好同意了。在领队的指挥下，蚂蚁们合力搬动了食物，并且很快将食物送到了小蚂蚁的洞穴。看到来之不易的食物，小蚂蚁高兴极了，同时也改变了之前的态度，真诚地对帮忙的蚂蚁们说："谢谢大家。今天，我请大家一起享用美食"。小蚂蚁一边吃着美味的食物，一边陷入了沉思："原来，团结起来竟然能获得如此大的力量。"从此，小蚂蚁不再独行，真正融入了集体之中。

这则小故事就告诉了我们，在社交过程中，应放下孤傲，融入群体，如果做到了这一点，你就能感受到团结的巨大力量。

四、敦促自己参与集体活动中

在集体活动中，我们有机会接触到不同性格的人，能感受到每个人的优缺点，从而意识到自己的孤傲并不是特例；在集体活动中，我们可以看到一个团队的胜利是离不开每一个成员的努力的，会意识到齐心协力的重要性；在集体活动中，我们会有更多机会发挥自己的专长，让别人认可自己的能力，也让自己信心倍增；在集体活动中，我们可以结识许多令我们感到舒适和安全的朋友。总之，在集体活动中，我们有机会认识别人，了解自己。

张开怀抱，勇敢社交

社交能让我们的生活多姿多彩，收获满满。因此，我们要张开怀抱，勇敢社交。但是，总有些人因为害怕社交而在生活、工作和学习中失去了许多展示自己风采的机会。对此，我们必须想办法让自己不再害怕社交。

接纳自己，发现自身的优点

我们之所以会害怕社交，很大一部分原因是缺乏自信，觉得自己这不好那也不好，不能接受自己。所以，要想顺利社交，我们就要学会接纳自己，发现自身的闪光点。我们要客观地评价自己，不要只看缺点，而要看到自己的优点，并且意识到自己并没有想象得那么不堪。比如，虽然我们看起来很胖，但稍加装扮，我们的风采依旧，甚至看起来比别人更有精气神和自信；虽然我们的身份平庸，但我们对待工作总是一丝不苟，拥有的一切财富都是靠自己的双手赚来的；虽然我们不懂外语，但我们可以用手势或是画画完成基本的交流等。这样，我们就能更加自信地站在别人面前，更加从容淡定地表达自己的观点。

沐沐是一位天生有听力障碍的女孩，即便戴上耳蜗能听得见，说话也不会像正常人那样清晰。虽然沐沐的身体有先天的缺陷，但她特别努力地学习舞蹈，是一个自信、勇敢、乐观的女孩。最重要的是，沐沐很擅长社交。

一天，沐沐得知近期会有一个相亲聚会，于是毫不犹豫地给自己报了名。

当沐沐的家人得知沐沐要参加相亲聚会时，纷纷表示反对，希望沐沐不要参加。因为沐沐的家人担心沐沐受到歧视甚至嘲讽，引来不必要的"伤害"。可是，相亲聚会当天，沐沐不但参加了，还早早地精心打扮了一番。沐沐认为自己除了说不清楚话还有许多优点，如善良、勇敢、性格开朗、会跳舞等，所以没必要自卑。在聚会现场，主持人先邀请在座的女嘉宾进行才艺展示。轮到沐沐时，沐沐先是简单地说明了自己的身体情况，然后为大家跳了一支优美、灵动的舞蹈，给大家留下了深刻印象，也吸引了不少爱慕者。经过几个小活动，大家开始熟络起来。沐沐也收到了几位爱慕者的表白。正是在这次相亲会上，沐沐找到了自己的白马王子，收获了属于自己的爱情。令人感到羡慕的是，沐沐的男朋友并没有因为她的"特殊"而嫌弃她，反而觉得她是一个各方面都非常优秀的女孩，是一个值得相守一生的女孩。可见，沐沐就是因为接纳了自己先天听力障碍的事实，发现自身的各种优点，才使得她可以自信满满地参加相亲聚会，结识自己的爱人。

将别人当成自己的熟人

如果我们害怕在众人面前讲话，或是害怕与人单独谈话，那么我们可以尝试着将其想象成自己很熟悉的人。比如，将台下的观众想象成自己的家人；将那个一脸严肃的面试官想象成自己的某位叔叔；把那个穿着精致的领导想象成自己的姑姑等。这样，我们就能自然地、完整地、流利地将要表达的话讲出来。

不要一味地顺从或讨好别人

很多人误以为只要顺从或讨好别人就能与其建立起良好的关系。实际上，我们通过一味地顺从和讨好别人而建立的关系并不一定永远稳固，而且会对我们产生不利的影响。

太在意别人的眼光，一方面会让自己感到疲惫，另一方面容易迷失自我，让我们失去自我表现、维护自身利益的欲望和能力。比如，如果我们下定决心戒烟戒酒，那么当同事、朋友给我们递烟、倒酒时，我们也要果断说"不"；在谈判时，如果条款中有损害我们利益的内容，那么我们必须直接提出异议，让其及时修正，直到令我们满意为止；如果领导安排给我们一项与工作无关且有损我们利益的任务，我们可以直接拒绝，让其清楚我们不愿意做这件事的态度等。总之，我们要勇于表达内心的真实想法，而不要委曲求全。

小雪生性怯懦，不懂拒绝，习惯顺从。这给小雪的社交带来了许多障碍。

在一次同事聚会上，大家突然起哄让小雪到前面表演一个节目。可是，小雪没有什么才艺又不知道如何拒绝，所以非常尴尬无措。此时，小雪突然想到了一个朋友对她的忠告——"要勇敢拒绝"。于是，小雪笑着说："真不好意思，我一点才艺都没有。我怕我表演完，大家都没心情用餐了。"说完，引得大家哈哈大笑。很快，大家就将目光转移到了其他同事身上。小雪悬着的心也终于放了下来。这件事之后，小雪并没有遭到其他同事的歧视，反而还被认为是一个性格直爽、机智幽默的人。

实际上，拒绝并不一定会损害我们的人际关系，有时反而会有助于我们更好地社交。

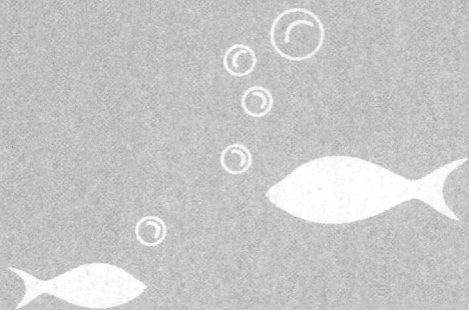

第 三 章

说话有道，在沟通中拉近彼此间的心理距离

人与人之间除了会产生空间距离，还会出现心理距离。在与人沟通的过程中，我们要想调整一下空间距离，通过移动身体就能实现，但要拉近心理距离则有一定难度。但如果我们与人沟通中讲话有分寸，懂得赞美，语言幽默，自然就能拉近彼此之间的心理距离，让他人愿意与我们交流。

说话要把握分寸

说话有分寸，更显高情商

在与人交往中，说话要有分寸，切不可胡言乱语。你会发现，那些高情商的人，说话的分寸拿捏得非常好，什么该说什么不该说，总能做到恰如其分，身边的人总愿意与其交流。所以，我们在与人交流时，切不可胡言乱语，要做到有分寸。

某公司领导经认真商议决定，将 A 部门的组长小张推举为 B 部门的主任，同时由 C 部门的小郭担任小张在 A 部门先前的组长工作。当宣布完这项决议后，曾经与小张共事过的几位同事迫不及待地发表了各自的感言。几位同事对小张曾经对自己工作上的帮助表示了由衷的感谢，并向小张献上了诚挚的祝福。

虽然场面看起来温馨和谐，但总感觉少了一些什么。这时，准主任小张笑着说："感谢各位领导对我的信任，也感谢每一位同事对我的关爱，我会努力，争取早日融入新的工作之中。同时，我也要隆重介绍一下即将接替我先前工作的小郭。虽然我与小郭之前并不熟悉，但通过这几天与其进行工作交接，让我感受到小郭是一个对待工作非常认真负责的人。而且我预感，有小郭在，A 部门一定会越来越好……"这时，一直被冷落在一旁的小郭突然被大家热烈的掌声惊得有些不知所措。

可以看出，准主任小张就是一个说话有分寸的人。正是小张及时的发言，才使得小郭没有一直被冷落。小张的话语也让我们真正地体会到了什么是高情商。

如何做到说话有分寸

说话没分寸很容易让他人反感和不满，长此以往，也会影响社交双方的关系，让彼此的心理距离越拉越大。因此，在与人沟通的过程中，一定要注意把握说话的分寸。那么，如何做到说话有分寸呢？

一、避免谈论隐私

我们在与他人交谈时，不要出于好奇或是让对方觉得你在关心他 /她，就打探其隐私，因为这样很容易让对方感到不快。通常，涉及隐私的问题主要有工作情况、收入水平、家庭、存款、夫妻感情、身体状况、女性的年龄与体重等，在与他人沟通的时候，尽量不提及这些方面。不论及隐私，会让人觉得我们有礼貌、尊重他人，因此更愿意与我们交流和沟通。试问，谁又愿意与一个喜欢窥探他人隐私的人相处呢？

小吴在外地工作，但他对春节回家始终没有多大兴趣。因为每逢春节与亲戚见面时，小吴的七大姑八大姨都会问："什么时候结婚啊？""一个月挣多少钱啊？""当没当上领导啊？"等，这些问题让小吴很不自在。但是，为了表示对长辈的尊重，小吴不得不想尽办法来应付，让他身心备受煎熬。正因为体会到了亲戚们谈论隐私带来的痛苦，使得小吴时刻都提醒自己，千万不要谈论别人的隐私。因此，小吴在与人相处时都会让人感到非常舒适，从而结识了许多朋友。

二、不要轻易暴露自己

社交过程中，在不窥探别人秘密的同时，也要做到不轻易暴露自己的秘密。有些人为了显示自己足够热情，在与他人，甚至一些不太熟悉的人交谈时，将自己的过往甚至秘密坦诚相告，殊不知，这样不仅不会与别人更亲近，还可能会将自己的"把柄"交到对方手上，受到对方威胁，进而使关系恶化。要知道，任何时候都要谨言慎行，尤其在社交过程中。

琪琪最近有换工作的打算，但她又没有想好找什么工作。在与同事的一次闲聊过程中，琪琪将自己的想法告诉了与自己共事多年的同事，并要求同事替自己保密。但令琪琪想不到的事情发生了。突然有一天，琪琪被领导通知自己被列在了公司第一批裁员的名单中。琪琪十分诧异，因为本部门只有自己被裁了，就连刚到公司半年的同事都是安全的。后来通过其他同事相告，琪琪才明白，原来是自己的同事将自己想要换工作的消息传到了领导那里。

琪琪因为太轻信自己的同事而把自己的秘密告诉了同事，最终换来了自己被裁的结局。可见，在与人交往时，一定要懂得保护自己，不要轻易暴露自己的想法。

三、不抱怨，不发牢骚

生活中，总有一些人爱抱怨，总是发牢骚，这些人心中装着万千不满，总是习惯苛责他人，并以此获取些许满足和安慰。然而，没有人愿意面对一个整天抱怨不断、牢骚不停的人。

比如，如果我们总找朋友唠叨自己的生活困苦、命运不幸，那么很可能让朋友怀疑我们不思进取，进而想与我们保持距离；如果我们常常在同事面前诉说公司制度的不合理，则有可能传到老板耳中，让老板不再想留下我们这样的员工等。可见，在遇到个人问题时，一味地对别人抱怨、发牢骚，不但不能解决问题，反而会招致反感，甚至失去与别人进一步相处的机会。

四、不将自己的观点强加给别人

在与人交流时，最忌将自己的观点强加于他人，因为自己认为好的或对的观点，不一定适用于对方。将观点强加于人，不仅不会增进彼此的关系，甚至还会让彼此的关系更加疏远。

每个人都有着不同的个性和社会阅历，对待同一个问题不可避免地会产生不同的观点，此时不要大谈自己的观点，更不要急于反对他人的观点，应充分尊重对方，这样会让人更愿意与我们交流，彼此之间的心理距离也会快速缩短。

小赵最近给自己的孩子报了一个美术班。小赵发现，孩子上了几节课之后，在绘画上有了明显进步，并认定报美术班很有用。于是，在接下来的很长一段时间里，小赵都沉迷于向同事介绍美术兴趣班：

"学美术可以让孩子越来越专注""学美术能让孩子形成敏锐的观察力""如果孩子文化课不行，至少还可以发展美术特长"等。同事们有些不耐烦，但也不好直接拒接。

一天，正当小赵对一位同事说"学美术真的很有用，您应该……"时，突然遭到了同事的打断："我们家孩子唯独不喜欢美术，谁都拿他没办法。如果您的孩子喜欢，您就好好培养，不必为我们费心了。"听到这句话后，小赵突然意识到，自己的做法似乎已经给同事造成了困扰，自己不应该将个人想法强加给同事。

所以，在与人交往中，千万要顾及别人的感受，不要将自己的观点强加给别人。

拒绝要委婉

拒绝时，有必要委婉一些

在社交中，当别人提出的要求我们无法满足时，我们就需要拒绝。但是，拒绝有必要委婉一些，否则很容易伤害别人的自尊，也可能因此而错失一份友谊。

月月是大城市里打工族和"月光族"中的一员，自己本身没有什么积蓄，但维持日常生活还是没有问题的。有一天，月月的同事向月月借钱，说自己的家人生病需要大笔医疗费。月月很想帮忙，但自己能力有限，直接拒绝又怕伤了同事感情，于是对同事说："得知你家人生病我也非常难过，但我的情况你是知道的，只够维持自己生活，平时也没有积蓄，真的很遗憾，可能帮不到你，不过虽然我不能出财力，但我可以出人力，要是照顾您家人的人手不够，我可以去医院帮忙照顾。"

虽然月月最终没有借给同事钱，但月月这种委婉拒绝的方式依然令同事很暖心，也并没有因此影响两人的关系，反而使两人的关系更近了。

当别人向我们提出请求而我们又无法满足对方时，我们最好能用委婉的语言表达拒绝，以免影响双方的关系。

你能做到委婉拒绝吗

大家都知道，拒绝别人时要委婉，但在实际社交中，你能做到委婉拒绝吗？下面就来了解一下如何做到委婉拒绝吧。

一、语言尽量温和

当拒绝别人时，语言要温和一些，尽量不要直接用"不行""不要"等这些语言来回绝，同时言语中要表达出我们的歉意和苦衷，如"非常抱歉……""太不好意思了，我实在不能……""请您原谅……"等。

比如，下班后有同事想让你陪她逛街，但劳累了一天的你只想尽快回家，此时你就可以这样说："太不好意思了，我今天头疼了一下午，想着早点回家休息，下一次我一定陪你一起逛一逛。"这样，既能让同事接受，又不损伤同事的面子和彼此的关系。

二、避免模糊回答

当别人向我们提出了请求时，如果我们不能或不愿意答应，那就要清楚地表明自己"不"的态度，切忌含糊其词，拖拖拉拉，让别人产生误解。

小郑得知小李要搬回总部上班，所以想借机问一下可不可以把他工位上那个盆栽搬到自己的工位上，就说道："您的这盆花还要吗？如果您不要了我可以搬走吗？"小李回道："这盆花，我养了快五年了，真是舍不得啊。"听到这个回答，小郑充满疑惑，不知道小李是想要还是不想要。于是，简单地聊了几句就转身离开了。过了大概半个月，当小郑再次路过小李的办公室时发现，那个盆栽已经枯死了。

试想，如果当初在小郑问及小李是否能把盆栽送给自己时，小李能直接地回答"可以"或是"因为……，所以不能给你"这样的话，那么这盆花就不会落得个枯死的下场。因此，在拒绝别人时，我们要尽可能将话说清楚，不要让人有误解，否则会给彼此的沟通增加许多阻碍。

三、为自己找一个好的借口

当朋友、同事有求于我们的时候，我们理应能帮就帮一把。但是，如果对方提出的请求已经超出了我们的能力范围或是违背了我们的意愿，那么我们就应该找借口说清缘由，委婉拒绝对方。

近期，小贾打算到自己的初中同学小孟所在的城市找一份工作。因为小贾手中没有多少积蓄，加上对即将前往的这所城市非常陌生，所以想到要投靠小孟。一方面，小贾希望可以在小孟的住处借宿一段时间，待工作稳定了再搬离；另一方面，小贾想要从小孟那得到一些指点，以便可以尽快找到一份称心如意的工作。于是，小贾对小孟说："老同学，能不能帮我个忙，我想暂时借宿在你的住处。"小孟听到这个请求后感到有些不知所措。因为小孟的住处非常狭小，根本容不下两个人，而且小孟已经独处惯了，家里突然多一个人会让她很别扭。

即便家里来了亲戚，小孟都是为他们订附近的酒店休息。为了不伤害小贾的面子，小孟说："实在抱歉，老同学。我的家人最近过来旅行了。现在他们都在我这里住着，我和我妹妹在外面酒店住呢。"听到这个回答后，小贾表示理解，并决定再想其他办法。可见，当无法答应别人的请求时，为自己找到一个好的借口是非常重要的。

四、适时转移话题

当不得不拒绝别人的提议或要求时，适时转移话题也是一个不错的方法。转移话题既可以避免伤害朋友的面子，避免引起不必要的误解，也可以让朋友领会我们的意思。

小萨和小尼是认识多年的老朋友，两人无话不谈。一天，小萨和小尼在公园散步时偶遇小薛。小薛是与小萨关系最好的同事，所以每当跟好友小尼聊天时，小萨都时不时地会提到同事小薛。经过小萨的简单介绍，小尼和小薛很快就熟络了起来。三个人一边聊天一边行走在公园的河边，心情非常舒畅。

突然，小尼问小薛："你是哪年的？孩子几岁了啊？"这一问，让走在身旁的小薛心头一紧。小萨发现小薛的表情不对，于是突然转移话题，说："快看，河里是不是有个人在游泳？这里明明标示着'禁止游泳'啊。"这时，不知道自己说错话的小尼也发现了河里似乎真的是一个人在游泳。三个人在河边观察了一会，接着又去寻找更好看的风景。其实，小萨清楚，同事小薛最不想谈论的话题就是孩子。因为同事小薛结婚多年都没有孩子，这也是他的一块心病。小萨的机智应对使得三个人没有陷入尴尬的境地。

赞美是人际关系中的润滑剂

不要吝啬自己的赞美

相信没有人会不喜欢别人的赞美。相对于"你不行""你怎么这么……"等否定、讽刺、责备的语言，"你太棒了""真不错"这样的声音显然更加动听。

赞美是人际关系中的润滑剂。赞美可以让人心情愉悦、信心倍增，可以有效地拉近彼此的心理距离。

在社交中，我们不要吝啬自己的赞美。要知道，我们在赞美别人的同时，很可能会收获更多的信任和喜爱，甚至获得一份友谊。

需要清楚的是，对于别人的赞美并不意味着对自己的忽视。相反，我们在赞美别人的同时，也会引起别人对我们的关注，使别人发现我们身上的闪光点，进而对我们表示赞美。

赞美也需要技巧

一、不妨直接称赞

在社交过程中，当我们发现别人身上确实有值得称赞的地方，不要犹豫，可以直接对对方进行赞美。这样，在别人获得赞美和被关注的喜悦时，我们也能收获良好的社会关系。

赞美不需要含蓄，直接称赞更让人乐于接受。我们可以对别人的外貌加以称赞，如"你的眼睛太好看了"；可以对别人的性格加以称赞，如"你好幽默"；可以对别人的品德加以称赞，如"你真善良"；也可以对别人获得成功加以称赞，如"太棒了"。总之，凡是可以赞美的方面，我们都可以直接表示称赞。

二、赞美不可笼统，应具体

笼统赞美会显得空洞且没有诚意，而具体的赞美才能显示出真诚。比如，要称赞朋友能干时，可以说："你家整理得太干净了，每个角落都一尘不染，这地面都能当镜子照了"；"你真是家庭、事业两不误啊！孩子教育得好，事业也做得风生水起"；要称赞同事漂亮时，可以说："我觉得这件连衣裙把你的好身材完全展露出来了"；要称赞邻居家的小朋友皮肤好时，可以说："小宝宝皮肤真白嫩，像牛奶一样，让我羡慕不已"等。这样，对方会觉得这些称赞是发自内心的，所以会特别开心。

三、赞美要符合事实

赞美要符合事实，夸张、与事实完全不符的赞美容易让人觉得很虚伪，也容易让人觉得受到了讽刺。比如，一个新来公司的同事对一个看起胖胖的女生说："你现在的样子很可爱，身材也匀称，不减肥也是好看的。"当听到这句话时，这位胖胖的女生就会产生"这么胖，真的可爱吗？真的不需要减肥吗？"的疑惑。虚假的赞美实际上起不到好的作用，反而会令对方怀疑你的用心，进而疏远你。

四、赞美要因人而异

因为我们面对的人可能有年龄上的差异、身份地位上的差异等，所以面对不同的人要采取不同的赞美方式。比如，赞美历经沧桑的长者可以说"宝刀未老、鹤发童颜"；赞美年轻有为的同事可以说"才华横溢、精明能干"；赞美知识丰富的学者可以说"兢兢业业、学识渊博"；赞美客户可以说"气质出众、眼光独到"等。

五、赞美要及时

赞美别人时要及时，因为及时的赞美可以让别人感受到来自我们的友好、认同及鼓励。比如，当在聊天中得知朋友升职加薪的消息时，我们要及时给予赞美："太棒了，刚工作一年就得到了老板的器重。"

而迟到的赞美就失去了其本来的意义，如果在交流中得知朋友或者同事有值得赞美的地方，却没有立即给予赞美，而是等到谈话结束或者下次见面时再赞美，那么赞美也就大打折扣，还可能会给人敷衍的不良感觉。

用幽默化解尴尬

幽默是化解尴尬的利器

在社交中，幽默是化解尴尬的利器。回想一下我们的工作及生活经历，我们是否经常会因为某个人的一句话或是某个行为而陷入尴尬呢？

当面对尴尬时，我们显然不可以坐以待毙，而要想方设法打破这种僵局。否则，尴尬的局面很可能演变成争执甚至武力。可以说，尴尬的气氛长时间得不到化解，将很容易破坏人际关系，从而导致不欢而散。

因此，要想顺利社交，我们就要懂得利用幽默化解尴尬，试着用一句幽默的话或是某个搞笑的动作转移大家的注意力，最好能引得大家哄堂大笑，从而使彼此在轻松的欢笑声中摆脱尴尬窘境。

小张因为连续几天加班，非常累，到中午还没吃午饭就趴在桌子上睡着了，不知不觉打起了呼噜。等他醒后，一位女同事说："没想到小张还打呼噜呢！声音还挺大。"此话一出，周围同事都安静了，气氛非常尴尬。此时小张不慌不忙地说："这算什么，还有声音更大的呢，而且花样还很多。"小张的一句话瞬间把大家都逗乐了，尴尬的气氛瞬间消解了。

所以，当身处尴尬境地时，不要急于反驳，也不必恼羞成怒，一句幽默的话就能瞬间化解尴尬。

巧用幽默解除尴尬局面

一、适当自嘲

自嘲就是自我嘲弄。通过自嘲，我们可以将自己身上存在的问题、毛病及不足由大变小、由重变轻，最后得以淡化。因此，当我们遇到一些令人尴尬的事情时，就可以用嘲讽自己的语言和语气，来帮自己摆脱尴尬。

有这样一个女孩，她很享受一个人生活的状态，所以即便工作多年也没有找对象。一天，一位年长的同事突然问她："怎么这么大了还不找男朋友呢？是很挑吗？"女孩很委屈地说："就我这样，要长相没长相，要身材没身材，我哪有资格挑啊？是没人愿意让我挑啊。"这个女孩用自嘲的方式回答了同事提出的令人尴尬的问题，也中断了同事想要继续谈论这个话题的想法。

二、可以正话反说

在社交过程中，难免会遇到一些尴尬的情况，在适当的时候不妨试试正话反说。正话反说就是用相反的语言揭示别人的意图，看似是在反对自己，实则是在反对别人。正话反说可以在不伤别人面子、不影响气氛的情况下，改变对方的想法。

小葛的一位同事走路时常发出"嚓嚓"的声音，这对大家的工作和休息都产生了一定的影响，但大家都不好意思明说。有一天早上，这位同事来到公司后对大家说："你说气不气人，我昨天都被楼下邻居投诉了。"小葛问："为什么啊？"这位同事说："邻居说我家总有摩擦地板的声音，影响他们休息了。"此话一出，大家都不说话了，气氛一度尴尬起来。此时，小葛笑着说："不可能，你走路就像飞起来一样，怎么会有声音呢？"同事听到哈哈大笑起来。这次聊天之后，小葛发现，午休时再也没听到过那种"嚓嚓"的声音了。

可见，小葛采用正话反说的方式，既幽默诙谐，又不伤和气地解决了问题。

三、不如将错就错

在社交过程中，说错话是很平常的一件事。我们很容易因为心思不够缜密、语言不够严谨而说错话。当意识到自己已经说错某句话时，不要立马闭口不言或是竭力纠正，可以尝试将错就错，顺着错话继续说下去。这样，一方面我们可以有机会对之前的话加以解释和延伸，从而成功纠错，一方面可以让对方感受到我们的机智，而愿意与我们具体交谈。

在同事聚会上，新婚不久的小徐突发感慨："我算发现了，婆婆怎么也不如自己的亲妈。"坐在旁边的小郭先是用力戳了一下小徐，然后给她使了个眼色。原来，桌上的同事老章早已为人婆婆。小徐这才意识到自己说错了话，于是淡定地补充道："我要是能有老章这么好的婆婆，我就把她当亲妈。可惜了，老章就一个儿子。"听到小徐的话，大家很快忘记了之前的尴尬。

适当制造共鸣

为什么有些人很难被他人接纳

有的人讲话总是无法引发别人心灵或情感的共鸣，与别人之间总有一道隔阂，无法被人接纳。而有的人讲话则能说到人的心坎里，引发别人的共鸣，容易被人接纳。

在社交过程中，我们会发现自己有时很难融入其中，不能被他人接纳，这到底是为什么呢？其实很重要的一个原因就是我们在说话时不能引发别人的情感共鸣。

小彭是个非常有活力的青年，平时最大的业余爱好就是打游戏。有一次，公司为了答谢新老客户，举办了一次小型宴会。在宴会上，大家都在讨论合作与工作的事情，而小彭却与宴会上的人大谈如何打游戏。听到小彭滔滔不绝的话语，其他参加宴会的人都有些不耐烦，纷纷远离了小彭，转而和其他人交流。

为什么宴会上的人无法接纳小彭并远离小彭呢？很显然，小彭的话并没有说到人的心坎里，人们的谈话重心是工作，他却在谈游戏，所以这样的交流不可能会流畅，小彭也不可能被人接受。

如何建立情感共鸣

一、来一次敞开心扉的畅谈

社交中，如果我们想要拉近与对方的距离，那么不妨直接敞开心扉，与别人来一次畅谈。敞开心扉畅谈可以让别人感受到自己的真诚，从而让别人有与我们继续聊下去的愿望。这样，我们就可以慢慢地了解别人，进而找到彼此共同的话题。假如对方是已婚状态，那可以聊一些家庭生活；假如对方正在准备考研究生，那么可以说一说备考的艰辛；假如对方现在正在找工作，那么可以彼此交流一下面试经验等。

二、从对方感兴趣的话题入手

每个人都有自己感兴趣的事情，当说到自己的兴趣时总有说不完的话，因此从兴趣入手制造共鸣是不错的选择。比如，当得知对方很喜欢宠物，那就可以多问问养宠物的方法、注意事项，讲讲我们养过哪些宠物；假如得知对方特别爱冒险，那我们就可以表达一下崇拜之情，或者分享一些自己经历的很冒险的事情等。这样不仅能引发对方共鸣，让对方敞开心扉，打开话匣子，也能让对方在心理上接受我们，和我们成为无话不谈的挚友。

三、聊舆论热点

随着网络的发展，社会信息越来越透明，我们获取新闻信息的途径也越来越多。我们随时随地都可以从手机上看到最新的舆论热点事件。而丰富的舆论热点实际上也为我们的社交沟通提供了便利。当要与人沟通却不知道说什么时，就可以聊一些当下比较热门的话题，这样可以很快引发对方的共鸣，使对方愿意和我们交流，也能拉近彼此间的心理距离。

热情的回应会让对方觉得受尊重

交流不是一方的独白

交流的目的是增进彼此的了解，拉近彼此的距离。因此，交流一定是双方互动的过程，而不是一方的独白。

如果别人很热情地向我们打招呼或提问或直白地陈述，那我们也应该做出同样热情的回应。否则，别人就会觉得我们是不懂尊重的人。

试想，当我们在路上见到了同事并且大老远地就向其招手说"早上好呀"时，如果他只是看了我们一眼，没有任何表情和言语地离开，那我们的心情一定非常复杂，可能会认为同事没礼貌；如果他也非常热情地向我们招手并回复说"你也好早"，那我们就会感到非常开心，会觉得自己受到了尊重。因此，在社交中，我们要懂得交流一定是有来有往的，这样才能拉近彼此之间的距离。

怎样回应才更显热情与尊重呢

一个热情、有温度的人往往很受欢迎，能交到很多朋友，拥有自己庞大的交际圈。因此，我们要努力使自己成为一个爽快、大方、热情的人。

那么，当别人与我们说话时，我们怎样回应才能表现出自己的热情与尊重呢？

一、快速回应

当别人主动找话题与我们说话时，我们应该快速做出回应，以表示我们对他／她的尊重，进而拉近彼此的心理距离。比如，当有人说："你最近瘦了很多呀"时，我们不要只是在心理上认同或不认同而不表达出来，而是要快速回答说"太好了，终于有人看出来了。""是的，大家都说我瘦了。""瘦了吗？有可能是错觉哦！"总之，当别人与我们说话时，不管我们说什么，都要快速回应，不可吞吞吐吐。否则，别人会觉得我们很傲慢，难以接近，从而不愿意与我们有更深入的沟通。

二、声音洪亮

在社交场合，有时会遇到这样一类人：他们回应冷淡，而且说话的声音极小，根本听不清在说什么。在与这样的人交流时十分困难，沟通也非常不顺畅。可以想象，这样的人是很难有人愿意与他们持续交流的，更别说拉近心理距离了。

所以，在社交过程中，当别人与我们交谈时，我们的声音要洪亮，这样既便于对方听清楚，也能让对方感受到被尊重，并能从中感受到我们坦荡的性格，从而更愿意与我们交流。不过这里的洪亮可不是大声叫喊，音量一定要适当。

小刘和小吴参加了同一个岗位的招聘。对于这个岗位，不管是毕业院校还是专业，小吴的情况都要优于小刘。但是，最终被录用的却是小刘，这是为什么呢？

原来，在面试官向他们提问的时候，小吴表现得非常冷淡，只用几句话简单回答问题，而且音量极小，让人根本听不清他在说什么，给了面试官一种不尊重人、不自信的印象。而小刘在面对面试官的提问时，面带微笑，积极地回答了问题，而且声音清晰明亮，给人一种热情、自信、阳光的印象。最终，小刘被录用了。

可见，在社会交往中，洪亮的声音、积极的态度可以给人留下深刻的印象。

三、回应干脆利落

拖泥带水的回应不仅会让别人觉得自己不被尊重，还会给别人留下邋遢、反应迟钝的印象。干脆利落的回应可以让别人感受到我们是很有活力的，会愿意与我们有进一步的交流。比如，当领导问我们工作的进度如何，我们就可以大方爽朗地说："已经在收尾了，很快就会结束，等做好再检查一遍，就发给您。"这样干脆利落的回答，不仅能让对方感到被尊重，也能让对方感受到我们的热情，我们也能收获友谊和成功的机会。

总之，当与别人沟通交流时，我们要积极、热情地回应，当对方感受到我们的热情与尊重时，就会放下心中芥蒂，愿意和我们进行更加深入的交流。

第 四 章

做事有方，巧妙化解
社交活动中的难题

在与人交往中，可能会遇到各种各样的社交难题，当遇到社交难题时，我们的做事方式往往就会成为判断我们情商高低的标准，也会成为决定别人对待我们的态度以及是否愿意与我们继续维持良好关系的依据。因此，我们必须掌握一些处理社交难题的方法，以便在社交活动中做到游刃有余，让工作、生活变得更加轻松。

在聚会中被冷落怎么办

在聚会上被冷落通常是我们无法控制和避免的事情，因为我们没有能力左右别人的想法和行为。虽然无法左右他人，但我们可以改变自己。一旦自己被冷落了，要想办法改变这种局面。那么，如果在聚会上被冷落，我们如何扭转局势呢？

先从自己身上找原因

相信每个人都不愿意被冷落，因为被冷落会让自己感到失落、难过，会感到备受打击。因此，当我们被冷落后，我们不能置之不理，顾影自怜，而应该想办法改变现状。首先应从自己身上找原因，想一想自己"是不是自己太高冷""是不是自己个性太张扬""是不是说错了话""是不是某个行为不当"等。找准了原因后，我们就应该积极改正和补救，这样才能化解尴尬，再次融入社交群体，让别人重新接纳我们。

主动提问，创造与别人聊天的机会

提问是快速获悉他人个性的重要方式，也是调节气氛、创造聊天机会的重要方式。在聚会上，当被冷落时，我们可以主动向大家提出一个都能答得上来的问题，如"大家最近过得怎么样？""今天谁最后一个来的，我们罚他请客怎么样？""你今天怎么这么高兴，有什么喜事分享给我们吗？"如果有人主动回答，那么说明其性格应该是外放的，我们可以和对方在一来一往中不断交流，从而不被冷落。

找准时机，融入别人的谈话中

在聚会上，当别人已经开启了聊天模式而我们还没能参与其中时，我们应该找准时机，巧妙地融入别人的谈话。

在大学室友的聚会上，倩倩是唯一一个没有孩子的女孩。坐在餐桌上，其他的几位室友全程都在聊孩子，只有倩倩很难搭上话。于是，倩倩一边听一边试图找时机融入别人的谈话。

这时，只听室友小玉跟其他几位室友抱怨说："天天陪孩子写作业，我简直要疯了。"几位室友听到后也表示有相同的感受。

倩倩略带质疑地问："有那么严重吗？不至于吧？"

果然，倩倩用这句话成功地引起了其他几位室友的注意。

室友月月将目光转向倩倩，语重心长地说："等你当妈妈了，你就体会到了。"

接着，娜娜也笑着对倩倩说："你要是着急，我可以把孩子借给你体验一下。"

倩倩开玩笑回道："真的吗？别说，我还真想感受一下。"

室友小燕也对倩倩说："你要想体验，我也报名。正好给我放几天假。"

倩倩很认真地说："行，你们要是扛不住，都交给我，我就喜欢挑战。"

就这样，大家你一言我一语越聊越投入，气氛越来越融洽。

当倩倩融入不了室友们的谈话时，她并没有放弃，而是不断寻找着谈话的时机，终于找到了机会，融入了群体。我们在聚会中也应如此，不能总等着别人来主动找我们交谈，我们应该积极寻找融入谈话的机会，自主化解被冷落的尴尬。

细心照顾别人，等待别人主动交谈

当与朋友或同事坐在一起只有自己无法融入大家的谈话时，先不要为此而着急，我们可以细心照顾别人，为别人做一些事情，等待别人主动与我们攀谈。比如，看看大家有什么需要，杯子里的水还够不够，少不少餐具，有谁需要餐巾纸等。在悉心照顾别人的时候，我们的举动会引起别人的注意，我们的行为会得到别人赞美，进而也会引起别人要与我们讲话的兴趣。

小帅是公司新来的同事，所以和其他同事都不太熟悉。在公司聚会上，小帅为了可以顺利地融入新的集体中，他总是仔细观察其他同事的需求，并及时提供帮助。当小帅看到同事的物品没有地方放时，他主动帮忙找到可以放置物品的地方；当发现有的人夹不到菜时，他会帮忙转转盘；当发现有人需要擦嘴，他会立马把餐巾纸递上等。很快，小帅的行为就引起了同事的注意。一个同事说："小帅，竟然是一个大暖男啊。"小帅谦虚地说："没有，没有。"这时，又有几位同事表示赞同，于是纷纷将聊天的焦点放在了小帅身上。大家开始你一言我一语地问："小帅结婚了吗？""有女朋友了吗？""我要把自己表妹介绍给你怎么样？"很快，小帅就和同事们熟络起来，并融入其中。

可见，在聚会中如果无法用言语与人交流时，那我们不妨付诸行动，用自己的行动和态度引得关注，进而融入群体。

消除误会有妙招

在社会交往中，人与人之间难免产生误会。产生误会不可怕，可怕的是任由误会一直存在，这样会使误会越来越深，也会影响彼此之间的关系和感情。所以，当有误会产生时，要想办法积极消除误会。下面提供几个消除误会的小妙招，供大家参考借鉴。

坦然置之，交给时间

当与人产生一些误会，甚至遭受诽谤时，先别着急去解释，可以交给时间，让时间去解决。

在这里，交给时间去解决，并不是对误会置之不理，任误会发展下去，而是坦然置之，给彼此一些时间，当对方想明白了一些事情，发现了事情的真相后，误会也就会像天边的乌云一般被风吹散了，等来的将是晴空一片。

有这样一个小故事，森林里住着一群小动物，这群小动物一直和谐安乐地生活着。忽然有一天，小黄鸟气喘吁吁地跟大家说："森林里来了一只大老虎，大家一定要小心呀！"小动物们根本不相信，还讽刺小黄鸟说："咱们森林里好久没有来过老虎了，你怕是眼睛不好使，在造谣吧。"小黄鸟非常着急，解释道："是真的，你们要相信我呀！"可是其他小动物们根本不听，只顾嘲笑小黄鸟。小黄鸟见状，一气之下飞走了。

过了几天，小猴子拖着受伤的身体回来了，他说："原来小黄鸟说的是真的，森林果然来了一只大老虎，我差点被老虎吃掉，好不容易才逃了回来。"此时小动物们知道自己错怪了小黄鸟，纷纷向小黄鸟道歉，小黄鸟选择原谅了大家，并决定帮助大家观察老虎的动向，从此小动物们又过上了安稳的生活。

这则小故事告诉我们，当误会发生时，不如先闭上嘴，交给时间去证明，经过时间证明的结果更有说服力。

积极沟通，逐渐消除误解

在社交中，不沟通或被动沟通是引发误解的主要原因之一。积极的沟通可以让我们更好地了解别人，也能让别人更全面地认识我们，从而拉近彼此的距离，消除误解。因此，我们要学会积极沟通。

一天下午，晓英正忙着接待一位客户时突然接到了好朋友小敏的电话。在电话中，小敏哭着对晓英说："我失恋了。"晓英先是一惊，然后故作淡定地说："稍等。一会打给你。"晓英以为自己能很快处理好手头工作，然后就能好好地安慰小敏。谁承想，客户提出了许多需求，直到晚上八点才忙完。一结束工作，晓英就立马电话联系小敏，可小敏总是拒接。晓英意识到，小敏一定是因为没及时得到自己的安慰而生气了。为了消除误会，晓英立马开车前往小敏的住所。看到好朋友难过的样子，晓英非常心痛，先是给小敏一个温暖的拥抱，然后解释了今天自己的状况，并耐心倾听着小敏的伤痛。在得到了晓英的安慰和解释后，小敏心里好受多了，也没有先前那么悲伤了。

试想，如果晓英没有主动去找小敏沟通，而是下班直接回家，那么两人的友谊将可能受到很大影响。

寻找原因，对症下药

要想消除误会，我们还要保持清醒的头脑，寻找误会产生的根源，以便对症下药。如果是因为我们说的某句话或产生的某个不当行为而引起了别人的误会，那么我们就要找机会道歉，并在以后注意不犯同类错误，让别人看到我们的决心和诚意。

小秦和小岳是关系很好的同事。一天早上，小秦接到了领导在工作群里发的消息："今天 8：30 在三楼会议室开会。请准时参加。"于是，小秦吃完早饭就匆匆赶往会议室。恰巧，在去会议室的路上遇到了刚来上班的小岳。相互打过招呼后，小岳问："你这要去哪儿呀？"小秦因为太着急，没来得及回答就离开了。谁承想，直到会议结束，小岳都没进入会议室。原来，小岳一直低头忙着其他事情，根本没有关注群里发的消息，所以不知道要开会。当想到早上与小秦相遇的瞬间，小岳有些生气了，心想："小秦怎么也不告诉我一声！"

在接下来几天，小秦发现小岳待他有些冷淡，不太愿意和他交流，平时和他打招呼也是简单回应一下。小秦意识到可能两人之间存在什么误会，经过一番仔细思考，小秦终于想起几天前的开会事件。找到误会的根源后，一天早上小秦特意为小岳买了杯咖啡，并向小岳解释了当时的情况并向小岳道歉。看到小秦态度这么诚恳，小岳也就不生气了，两人的误解也就此消除了。

案例中的小秦如果不主动寻找原因，想办法化解误会，恐怕二人的关系会持续恶化。所以，当产生误会时，首先要寻找误会的根源，然后对症下药，消除误会。

请求别人帮忙

当误会大到当事人已经无法消除时，我们可以考虑请求别人帮忙。俗话说："旁观者清。"很多我们理解不了、解释不清的事情，经过第三方的简单引导可能会豁然开朗。比如，当我们与朋友发生矛盾且互不低头时，可以找第三方来帮忙。因为第三方能保持冷静的态度，也能从客观的角度解释我们与朋友之间产生误会的缘由和提供化解误会的对策。这样，我们就更容易理解对方，从而能更积极地消除误会。

用低调谦卑的态度来应对指责与批评

在社会交往中，面对一些指责与批评，用低调谦卑的态度来对待，并不意味着完全否定自己、任由他人摆布，而是一种缓兵之计。当面对他人指责与批评时，我们的低调谦卑态度代表的是一种尊重、一份宽容，或者是达成美好愿景的小小付出。

弄清楚别人指责与批评我们的是什么

在社会交往中，当我们遇到朋友、同事或者领导的指责或批评时，我们应该弄清楚他们指责与批评我们的是什么，比如是不是我们说错了话，是不是我们的某些行为犯了某些忌讳等，弄清楚了原因，才能及时地加以调整和改正。

不要满不在乎

当受到他人的指责与批评时，我们要表现出诚恳的态度，虚心接受批评，积极加以改正，千万不要表现得满不在乎。因为有些人的批评并非恶意，而是为了我们好，所以他们会不惜以伤和气为代价指出我们的问题。对此，如果我们表现得很不在乎，就容易让他们对我们感到失望，进而可能直接放弃指正我们的问题。

不要不服气

在社交过程中，在面对他人的指责时，我们不要表现得不服气，这样不仅是不礼貌的行为，也可能会让他人觉得我们傲慢无礼，不值得交往。如果我们能够坦然接受，一方面会让对方感到被尊重，另一方面我们也会获得好的人缘。

不要当面顶撞

当遭遇别人的指责和批评时，不管我们心中多么不满，都不要当面顶撞，这样不仅会让对方丢了面子，也会让我们失去友谊或者成功的机会。比如，当遭遇领导批评后，如果我们不自我反思，而是选择和领导直面顶撞，那么将来我们与领导的关系可能难以融洽。

不要把批评看得过重

如果别人对我们提出善意的批评，那么我们应该认真反思，努力修正；相反，如果别人对我们进行诽谤、诬陷，那我们就无须放在心里。也就说是，不要让别人的批评影响了我们的心情，左右了我们的思想和行动，不要太看重别人的批评。比如，当听到"你太笨了！""你怎么总做错？""我觉得除了你，其他人都没问题。"等话语时，我们不要因为他们夹杂着情绪的语言而难过，更不要因此而怀疑自己，否定自己。相反，我们要展示自己冷静的态度，默默地努力。总之，我们要相信自己。

主动认错

如果确实是因为我们说得不对或做得不当而引发了不好的事情，那我们就要勇于承认自己的错误，主动认错。主动认错可以体现我们的责任和担当，从而使别人信任我们，愿意与我们继续保持一种良好的关系。比如，在工作中，如果我们因为一时疏忽而出错，那我们必须主动向负责人承认自己的错误，并且积极改正和弥补，这样在未来的工作中，领导才能更加信任我们，才会敢于将一些有难度的工作交给我们。又如，在生活中，如果我们因为一句话伤害了朋友的感情，那我们也要积极认错，向朋友说明我们的本意，并保证一定会改正，这样朋友才不会远离我们。

退一步海阔天空

"退一步海阔天空。"意思是当我们遇到事情时应保持冷静，退一步，一切就像没发生过一样。只有相互宽容以待，才更能彼此尊重。

但在现实的生活中，当我们与别人发生矛盾时，我们时常会想尽办法让自己处于上风。虽然与别人争辩很容易，但其造成的后果是很难修复的。因此，不管是在职场还是生活中，当与别人发生矛盾时，我们做出一点退让和妥协未必是一件坏事。因为有时候，退一步的风景可能比进一步的风景更美好。

多一些忍让

在社交中，当我们与同事、朋友或陌生人发生矛盾时，如果没有触及底线，不妨多一些忍让。忍让并不意味着自己一定有错，选择忍让是为了避免因为一些无关紧要的事情而使关系恶化。

　　忍让有时是一种难得的品质。当我们的利益受到威胁时，如果我们还能保持大度，愿意忍让，说明我们有大局观，这样不仅可以化解矛盾，也能让别人更愿意与我们交往。

给别人发泄情绪的机会

　　在社交中，当我们与别人发生矛盾时，我们不妨退一步，给别人发泄心中不满的机会。我们清楚了解了对方的想法，也会更加深入地了解对方，进而可以增进和对方的关系。

　　小李做助理工作已经多年，一天，老板突然将小李叫到办公室一顿训斥："你怎么做的助理？为什么不提醒我开会？"小李意识到，老板一定是记错了时间，会议是定在第二天（26 号）。但是，小李并没有打断老板，而是等老板发泄完情绪后，笑着说："今天是 25 号。您说的会议是在 26 号下午 2 点召开。明天我会提前给您订好午餐，因为我们要早一点出发。"听完，老板有些尴尬，但小李接着说："您事情那么多，我今天应该提前跟您说一下的。那我先去准备一下明天开会的事情。"得到老板的示意后，小李转身就去忙工作了。

　　在被误解时，小李并没有急着辩解，而是做出了退让，给了老板发泄情绪的机会。试想，如果小李不做任何退让就开始辩解，结果一定会是不欢而散。

用礼物表达歉意

社交过程中，当对方得到升迁、乔迁新居时，我们会送上礼物以表贺意，而当和对方发生误解和矛盾时，我们也可以送上礼物表示歉意。当用语言无法表达歉意时，不妨尝试着送件小礼物。

小萧在接完开水后转身时不小心撞到了正好经过的同事小琪，开水溅到了小琪的身上。小萧连忙道歉，并赶紧检查小琪有没有烫伤，幸好开水只是洒在了衣服上，没有烫伤皮肤。但不管小萧说多少句"对不起"，小琪都还是有些不高兴。为了能获得小琪的谅解，小萧决定送给小琪一份礼物。第二天一大早，小萧就把事先买好的一个盆栽和一管护手霜放在了小琪的桌子上。当小琪发现小萧这么有诚意，于是发消息跟小萧说了声"谢谢"，两人得以冰释前嫌。

可见，有时候一件小礼物要比千言万语更有效果，所以当想向别人表达歉意、寻求别人的谅解时，不妨送上一件小礼物吧。

抬高对方，化解敌意

社会交往中，如果发现别人对我们有敌意，我们不妨通过抬高对方的方式来化解敌意。通过抬高对方，可以让人感受到来自我们的认可、赞美以及欣赏，进而让人觉得受到了我们的尊重。这样，即便对方与我们有误解、矛盾或是偏见，也会慢慢地改变固有认知，进而愿意与我们有进一步的往来。

学会贬低自己

当对方对我们有敌意时，适当地贬低自己就是变相地抬高对方。我们在贬低自己的时候，对方会觉得我们很谦逊，也会觉得自己受到了尊重。贬低自己时要表现得真诚一些，不要让人觉得我们不是发自内心的。

比如当自己个子很高，而别人又热衷于讨论这件事，为避免招来那些个子不高的朋友或同事的"敌意"，此时不妨贬低一下自己，调侃一下自己的身高："哎，现在真的能理解'浓缩的都是精华'这句话了，我吃的东西全长个儿了，没用来长脑子，总是智商不在线。"这样，在贬低自己的同时，顺便抬高了别人，不仅能化解别人的敌意，也能和对方维持良好的关系。

学会装糊涂

如果一个人很优秀，那么肯定有很多人愿意与其接近。如果一个人很优秀，但锋芒太露，结局又是如何呢？想必很多人都会对其充满敌意，对其敬而远之，唯恐避之不及。

所以，在与人交往时，我们不妨糊涂一些，这里的"糊涂"并不是真糊涂，而是装糊涂。人难得糊涂，有时候糊涂也是另外一种聪明。装糊涂，可以隐藏我们的锋芒，让我们的才华更内敛，让我们变得更有智慧，同时装糊涂也可以变相抬高别人，化解别人的敌意，从而获得好人缘。

比如，在和同事们讨论一个方案时，真糊涂的人会处处争先，抢着表现自己，最终惹来一片不善的目光；而聪明的人会装着不懂，以学习的态度认真听讲，并适时发出"原来是这样"的感叹，赞叹别人的能力，最终换来别人赏识的目光。

有时，人与人交往时不需要太聪明，真诚且适时的"糊涂"，反而更招人喜欢。

以德报怨，背后称赞的效果更佳

在与人交往中，难免与人产生摩擦，如果因此就心生怨恨，在他人背后说坏话，这样既失了人品，也失了人缘，得不偿失。此时不妨以德报怨，背后称赞别人，这样做你会发现结果将完全不同。

背后论是非不如背后称赞

在社会交往中，与人产生不愉快时，愚蠢的人会选择背后论是非，而聪明的人会选择以德报怨，背后称赞对方。

古人言："言多必失，祸从口出。"这是不无道理的，当你无心的一句抱怨传到当事人的耳中，或许已经不再是原本的意思，而你们的关系可能因此而产生裂痕，甚至破裂。所以，请管住嘴，不要在背后论人是非。殊不知，在背后一逞口舌之快的你，在人前已经失了人心。

　　菲菲和谢兰本是非常要好的朋友，但两人却因一句话而关系破裂，令人不禁惋惜。菲菲是个爱美的女孩，平时爱化妆，爱穿漂亮衣服，喜欢出去旅游，平时也喜欢向谢兰讲一讲化妆、穿搭的技巧，还有一些旅游的趣事。后来两人因为一些小事情而产生了一些小矛盾，但菲菲觉得这并不影响二人的关系。但忽然有一天，菲菲从另外一个朋友的口中得知，谢兰在背后说其爱臭美，很虚荣，还有些拜金。听到这些话的菲菲十分气愤，当即决定不再和谢兰联系，将其从自己的朋友圈子中排除。

　　无论谢兰原话是否像其朋友说的那样，但终究是因为其说了不好的话，才致使菲菲与其断绝联系。而如果谢兰在其他朋友面前夸赞菲菲人长得漂亮，会穿搭，性格开朗，那么结果想必会是另一番样子。

　　聪明的人在遇到社交问题时，开口说的并不是对方的不好，而是对方有多好。实际上，不光坏话会被传递，好话也会。当我们的称赞之言传到当事人的耳中时，想必对方定会被我们以德报怨的行为所感动，隔阂必然也会消除。

　　小黄和小司在同一个部门工作，在工作上小司总是暗地里和小黄较劲。有一天，小黄从同事那里得知，小司经常会跟同事们讨论他的样貌和打扮，包括"小黄那么胖，还穿个紧身的上衣，真是太难看了。""小黄一个男孩子，居然还烫头发，真是好笑。"但小黄并没有为此生气，而是对同事们说："小司不光人长得帅气，而且穿衣服还特别有品位，我真应该好好向他学习。"几天之后，小黄的话传到了小司的耳中，小司感到很是羞愧，以后不仅不议论小黄了，而且对小黄另眼相看，两人的关系也好了很多。不仅如此，小黄的这种行为也收获了其他同事的一致好评。

可见，当与人有些误解或矛盾时，以牙还牙不如以德报怨，背后议论不如背后称赞。背后称赞不仅彰显人品，还能化解矛盾，收获好人缘。

背后称赞要真诚

不光要背后称赞，而且称赞时要真诚。如果称赞不够真诚，那么和没有称赞区别不大，根本起不到应有的作用。所以，在背后称赞别人时，一定要是真心的，因为你的真心别人能够体会得到。

求同存异，化解矛盾

每个人都是一个独立的个体，都有着自己的观点和想法，所以在与人交往时，不可避免地会出现与别人观点不一致的情况，也难免会因此产生一些矛盾。但当矛盾发生时，不必因为碍于面子或担心发生严重后果而放弃自己的意见或改变自己的行为，也不必要求别人完全遵从自己的意见和行为，否则很可能让矛盾激化，演变成难以控制的局面。此时，求同存异或许是化解矛盾的最好方法。

所谓求同存异，就是努力找到彼此的共同点，但也要允许各自有不同点。

寻找共同点，彼此更加信任

如果我们与别人发生了矛盾，各持己见根本解决不了问题时，不妨先冷静地寻找一下双方的共同点。当发现双方的初衷或者目标是一致的时候，问题也就迎刃而解了，双方的关系自然也就会更进一步。

小金和小凯共同经营了一家摄影工作室。前段时间，小金和小凯因为拓展客户的事情产生了矛盾。小金觉得，要尽可能多地降价做优惠活动；小凯则认为，主抓拍摄质量，扩大知名度才是关键。两人各持己见，僵持不下。过了几天，小金冷静地考虑了一下，认为两人的最终目的都是为了促进工作室的发展，于是主动找小凯就这个共同的目标重新商量。经过这件事之后，两人更加相互信任，也更加干劲儿十足。

保留不同的意见，互相尊重

"一千个读者眼中就会有一千个哈姆雷特。"这句话就足以说明人们认知的独特性。每个人都有自己的人生观和价值观，也有着不同的处事方式，所以在交往中与人产生矛盾也在所难免。

聪明的人从不与对方争执不休，非要争个高低上下不可，而是不争不抢，尊重对方，允许对方的观点存在。所以，在与人发生矛盾时，我们要做个聪明人，保留对方不同的意见，保持对他人最基本的尊重。

小彭和小伟是一个部门的同事，小彭专业能力过硬，而且能言善辩，小伟谦卑和善，专业能力也不差。随着时间的推移，慢慢发现二人的境况发生了很大的变化，同事们总是愿意和小伟交流沟通，而对小彭则是能避就避。这到底是为什么呢？

原来小彭凡事都爱争个高低，从来容不下同事们与其不一致的意见，只要发现谁和自己的想法不一样，就一定要说服对方，让对方没有喘息之机，对此大家都对小彭心有怨言，不愿与小彭过多交流。而相比之下，小伟更有容人之心，不仅不与同事争执，而且还包容同事的不同观点，即便不认同，也会给予同事充分的尊重，所以大家都非常愿意与小伟交流。

所以，人与人之间，有分歧和矛盾不可怕，只要愿意寻找双方的共同点，允许不同意见的存在，相互尊重，自然能化解矛盾，增进彼此的关系。

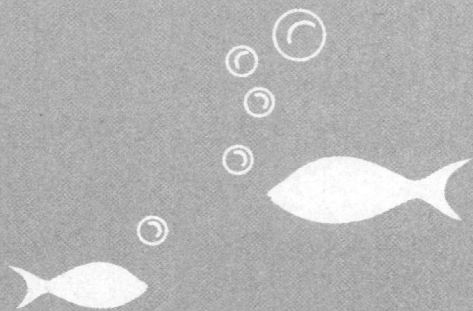

第 五 章

相处有法，掌握高情商的
社交技巧

在人际交往中，怎样才能快速突破双方的陌生感边界？又如何才可以取得对方的好感与信任呢？这需要一个高超的社交技巧，即让自我拥有高情商。那些情商高的人，与人打交道时，相处有法，久处不厌，自能在社交活动中驾轻就熟，游刃有余，在人际交往中轻松取得主导权。

不要事事刨根问底

什么事情都想弄清楚，烦了别人，累了自己

在人际交往中，如果仔细观察，常常会发现身边存在着这样的一部分人，他们天生自来熟，或许是出于增进彼此关系的考虑，遇到任何人，都喜欢刨根问底，哪怕和对方初次相见，也会喋喋不休地追问个不停：你在什么地方工作？结婚了没有？几个孩子呢？年收入多少？诸如此类的话题穷追不舍，让人不胜其烦。

除此之外，遇到事情的时候，他们也常会拿出"钻牛角尖"的倔劲儿，大有一副不弄清楚事情"真相"，就誓不罢休的架势。试想，这种拙劣的人际交往方式，又如何让自己有一个好的人缘呢？

有一位青年就是如此。他踏入社会之后，人际关系非常糟糕，跳了几次槽，依旧没有任何的改善。苦恼万分的他，只好向心理咨询师请教，询问自己在工作中努力上进，做事也一丝不苟，但为何一直没有一个好人缘呢？

心理咨询师在和这位青年深入长谈之后，发现了问题所在。原来对方是一个"爱较真"的人，喜欢事事刨根问底，正因如此，他和周围的同事都很难愉快相处。

比如和同事在工作中发生了小小的争执，原本是职场中非常平常的一件事情，争执过后，相顾一笑也就算了，可是他却一直纠结着放不下，非要弄清楚究竟是谁对谁错，或者是双方为了什么原因发生了争执。

最有趣的一次是，在与同事交谈中，同事引用了一句名言，说是老子说的。他认为这句是出自孔子的语录，双方为此争论起来。同事后来主动表示不再争论了，可他还要拉上身边其他人，一起证明他说的是对的。

每每如此，同事都烦不胜烦，在对方明显表现出不耐烦的神色时，青年依然继续"纠缠不休"，最后小矛盾闹成大矛盾，慢慢地，周围的人都对他敬而远之，谁也不愿意和他搭班做项目。

"为什么人际关系糟糕？主要在于你缺乏高情商的社交技巧。总认为什么事情都要去弄清楚，是非对错总要争个高低明白，长此以往，输掉了良好的人际关系不说，还令自己徒增烦恼，这不是自讨苦吃的行为吗？"

心理咨询师的一席话，让这位青年茅塞顿开。佛说："人不可太尽，事不可太清。"仔细思考确实如此，与人相处太过于较真，遇到事情太爱分个是非对错，自我身心俱疲不说，也让身边的人心生厌恶，得不偿失。

你不说，我不问，是对人最基本的尊重

沈从文在他的代表作《边城》中曾这样写道："不要刨根问底别人的过去，那可能是他永远不想触碰的回忆。"

细细品味，这句话充满了人生的智慧，也是对当下人际交往的最佳忠告。在为人处世上，我们要时时告诫自我，一定要克制强烈的"好奇心"，不要去深究别人的过去，也不要去随意打探别人的隐私。或许在你看来只是一件微不足道的寻常小事，然而在对方眼里，却是一道不愿再触碰的伤疤。

所以，生活中那些爱较真、爱刨根问底的人，往往把自己活成了"侦探"的模样。什么都不肯放过，什么都想弄清楚。这样做，反而让自己套上了一个枷锁，越挣扎，越痛苦，有时明知是错，却又欲罢不能。

显而易见，这种缺乏高情商的"病态"的人际交往，最终结果，只能让自己成为"孤家寡人"。人与人之间最好的相处之道，就是你不说，我不问，这是自我的一种高素质修养，也是对他人最大的尊重。

因此，要想简简单单做人，打造和谐的人际关系，首先要在人际交往中，把握一个适度的原则。尤其是涉及对方生活隐私的话题，千万要适可而止，能不问就不问，要明白很多时候对方和你不熟，没有义务让你"查家底"，别去自讨无趣。

其次是学会"察言观色"。有些话题可能是你无意间提及的，当发现对方神色异样时，就应立即巧妙地转移话题，多谈一些对方感兴趣的话题，以在短时间内拉近彼此的距离。

学会恰当的自夸

社交最忌"无效谦卑"

在社交和职场中，常有一些老实人，他们工作踏实认真，为人也极其低调，道德品行都无可挑剔，然而在同事和上司眼里，他们却好似"透明人"一般，总是被有意或无意地忽视。

比如，在遇到升职加薪时，也总有一些业务能力不如他们的人，反而后来居上，得到了更多的利益，自己却常年"原地踏步"，这里面的原因是什么呢？

分析其中的原委不难发现，在社交和职场中，过分的谦虚是一种"无效谦卑"，极易埋没了自身的才华不说，还会引起一定的社交障碍，在外人眼中，我们是"无用的老实人"，没有交往的价值。所以正确的做法是，学会自夸的社交技巧，并在恰当的时候能够自我夸奖。

也许有人对此会提出反对意见：夸耀自己，不是人际交往中的一大忌讳吗？那些喜爱吹嘘自己的人得意忘形、骄傲自大的样子，最令人讨厌了，我绝不愿意成为那样的人。

实际上，秉持这一观点的人，其实是将恰当的自我夸奖和自吹自擂两者混淆了。恰当的自夸，是建立在对自我正确认知基础上的一种积极的言语肯定；而自我吹嘘，却是全然不顾实际情况，吹牛皮，说大话，完全脱离了自身的实际。

明白了这一点，在社交场合，我们就应当改变以往过分谦虚的行为方式，需要自我夸奖的时候，就要大胆地去展示自我，给外人展示我们身上最为优秀的一面，以拓宽个体社交空间的广度和深度。古往今来，善于自夸的人长袖善舞，常常能够在人生的舞台上绽放自己。

春秋战国时期，秦国攻打赵国，平原君赵胜准备前去楚国借兵。在挑选人才时，平时不显山、不露水的毛遂，关键时刻挺身而出，他以强大的自信心在平原君面前推荐自己，最终出色地完成了使命，这就是历史上著名的"毛遂自荐"的故事。试想，毛遂虽然才能出众，但在平原君数千门客中，他如果不采取自荐的方式，又如何能够得到提拔重用呢？

同一历史时期的苏秦和张仪也是如此。作为当时最为著名的纵横家，两人在战国时期广阔的舞台上，都留下了浓墨重彩的传奇故事。观察他们人生的成功经验不难发现，苏秦和张仪在游说各个诸侯国的国君时，正是通过自夸自赞的方式，轻松地将各自的学说与主张推销了出去，由此纵横捭阖，让自己的人生价值得到了全面的展现。

自夸的技巧，你掌握了吗

当我们"解剖"自夸的本质之后会发现，恰当的自夸有助于提升自我人际交往的"魅力值"，在拓宽社交圈层的基础上，获得人生事业的长足进步。

然而，自夸也是需要一定技巧的，不懂技巧的自夸，很容易陷入自我吹嘘、自我夸大的境地，那样做反而会适得其反，被人所厌恶。因此，掌握正确的自夸技巧，就显得尤为关键了。

一、自夸要恰当适度

自夸不是无限度地自我吹嘘和赞美，也不是不分场合地随意夸奖。有些人爱自夸，尤其喜爱在公众场合自吹自擂，明知事情办不到，也自知自己几斤几两，却非要将一说成十，肆意地当众夸下海口，一旦日后牛皮吹破，会使人们对他们的印象急转直下，敬而远之，那就得不偿失了。

所以，自夸要适度，也要分场合，看机会，明明自己能力有限，非要往自己的脸上"贴金"，那样只能是自取其辱了。

二、注意自夸的方式，切记不能以贬损他人为前提

在自夸时，如果方式错误，也会使得效果适得其反。比如在朋友圈晒自拍照，明明身材不错，非要配文说："看看我这副模样，真是没脸见人了。"这样做，极易让人心生反感。

还有一部分人，自夸的时候，先贬低别人，然后抬高自己。比如他们会说："你看某某人，丝毫没有上进心，而我却从不是这样。"这种言辞，立时会让人对自夸的人产生不佳的印象，原本想拿"绿叶"来衬托，却不知弄巧成拙。

任何时候都要有所保留

人生如尺，相处有度

有人曾问："什么样的人际关系才是最为和谐的状态呢？"相信很多人在看到这一问题时，会毫不犹豫地回答："当然是走得越近、关系越亲密越好。"

诚然，在人际交往中，我们都渴望结交到志同道合的亲密朋友，为共同的理想目标而奋斗。然而在现实中，很多时候人与人之间相处的法则，并非我们理想中的模样，真正和谐无间的人际关系，要遵循这样的一个法则：人生如尺，相处有度。

怎样理解这句话的意思呢？简单来说，在人际交往中，我们都应当铭记，在任何时候，都要让自己有所保留，和对方保持一个空间距离感，即使是关系再好的两个人，一旦失了分寸，彼此终将渐行渐远。

正如一句非常有哲理的话："想要赢得一个人的信任，你不妨试着走近他；反之，想要很快地失去一个人，你就去无限度地走近他。"

一家公司里，两位同时入职的年轻人，因为共同的爱好和秉性走在了一起，没多久，便成为无话不谈的好朋友。

一年以后，其中一位年轻人升职，成了另一位年轻人的顶头上司。没有升职的那位年轻人，在升职了的年轻人面前，全然没有注意到两人之间已经悄然发生的身份变化，依然像往常那样言语随意，在他看来，两人曾亲密无间，即使对方升职了也无所谓。所以，即使在严肃的会议场合，他也常会对升职的年轻人指手画脚。

终于有一次，为了维护自身的权威，升职的年轻人当众斥责了他一番，未升职的年轻人感到丢了面子，两人从此交恶，互不来往。

案例中的两位年轻人，之所以从亲密无间走到相互敌视的地步，正是违背了"人生如尺，相处有度"的人际交往法则。只有有所保留，始终保持一种社交距离感，友谊才能长久地维持下去。

相处有度，有所保留，需要注意哪些方面

显然，在现实生活中的人际交往上，任何时候都需要我们做到相处有度，有所保留。不过做到相处有度，有所保留，有这样几个方面应当注意。

一、说话讲究分寸，不能口无遮拦

孔子曾说："不得其人而言，谓之失言。"这句话阐明了人际交往的道理：人际交往中，如果和对方不熟，请记住，说话要留三分，

绝不能口无遮拦，大吹大擂，也不能一上来就掏心掏肺，将对方当成知己看待。要知道人际交往中的沟通是有技巧的。

俗话说："画龙画虎难画骨，知人知面不知心。"很多时候我们想真诚待人，不拿对方当外人看，反而会给我们带来难言的伤害。因此说，适当保留，保持分寸感，才是明智的选择。

二、有才华，但别锋芒太露

在社交场合，我们应当明白的是，谦虚低调是常态，也最能赢得他人的好感。本质上，这也是人际交往中的一种保留。

然而有些人太过张扬，有一分本事，恨不得让天下人都知晓，锋芒过盛，待人接物时时处处恃才傲物，必然为自身招来诋毁和嫉妒，不利于和谐融洽人际关系的构建。

三、与人初始相处，不可太过热情

生活中，有些人刚开始接触他人时，常犯太过热情的人际交往错误，恨不能竭尽全力赢得对方的信任，成为最亲密的朋友。

假如在交往之初，一方太过热情，无形中会让另一方有较大的心理压力。也许在热情的一方看来，对人热情是对别人好的表现，但另一方往往不会这样认为，他们常常会想：为什么对方这么热情呢？难道有什么目的吗？所以说，热情是应该的，但请注意，一定要恰到好处，彼此尊重，也给彼此留有一定的空间和余地。

在合适的时机展现自己的长处

要善于展现自己

李白在《将进酒》这首诗中曾大气磅礴地写过这样一句话："天生我材必有用。"对于我们每一个个体来说，每个人身上都有与众不同的闪光点，也都有各自的长处和优点，但问题是，我们如何能将自己的长处在众人面前展露出来，获得认同和肯定，进而打造一个有利于个体成长的社交平台呢？

在一些人眼里，这个问题似乎非常简单，只要埋头苦干就行了，他们相信只要是金子，就会有发光的那一天。所以，只需勤恳踏实，乐于奉献，其他不用多做考虑。

不过仔细观察生活不难发现，身边很多优秀人士不仅努力上进，还善于找准合适的时机展现自我，由此获得了更为广阔的社交空间，拓宽了人生的发展路径。

也许人们会问，既然如此优秀，为何还要不失时机地展现自我的长处呢？有句俗语说得非常好："酒香也怕巷子深。"再好的产品，如果不在宣传策划上下功夫，做不到广而告之，又如何能够产生品牌效应呢？

在现代社会中，产品销售要遵循这样的规律；同理，在职场和社交活动中，每一个个体也都应充分意识到展现自我的重要性，唯有如此，我们才能在激烈的社会竞争中立稳脚跟。

在中世纪的意大利，有一位贵族举办了一场盛大的家庭宴会，邀请了各界名流前来家中欢聚。

宴会快要开始的时候，管家突然发现原本放在桌子中央的大型美食装饰品不知被谁弄坏了。这件美食装饰品是整个宴会的一个亮点，谁知偏偏在关键时刻出错，但临时更换似乎有些来不及了，这让管家急得满头大汗。

此时一名在家中帮佣的小男孩走了过来，对管家说他有办法解决这个问题。

管家以为小男孩在开玩笑，然而看他认真的表情又不像在说假话，反而一副成竹在胸的样子。火烧眉毛了，管家也没有其他好办法，决定让小男孩试一试。

出乎意料的是，不慌不忙的小男孩很快用黄油等食材雕出了一只威武的雄狮，雄狮气势非凡，活灵活现。

当宴会正式开始后，来宾们无不被这个雄狮艺术品震撼，纷纷赞不绝口，这让主人倍感高兴。事后，主人了解到雄狮雕饰品竟然出自小男孩的手中时，也不由大为惊叹。从此之后，这名贵族主动出资培养小男孩，而这个小男孩，就是日后意大利著名的雕塑家安东尼奥。

显然，安东尼奥的成功，除了自身的天赋之外，和他在合适的时机展现自己才华的行为密不可分。也由此给人以启示：只有勇敢地展现自我，才能牢牢抓住机遇的大手。这一点，在社交与职场中尤为关键。

展现自我的诀窍有哪些

人们需要明白的是，在通往成功和收获的大路上，机会永远不会主动来寻找我们，我们只有不断主动地展现自我，吸引他人的关注，才能让自身的闪光点得以发光发亮，也才能被赏识我们的人所发现，进而迈步登临可以施展自身才华的舞台。在这里面，必要的展示自我的诀窍不可少。

诀窍一：树立自荐意识，克服畏惧的心理障碍

人们之所以不敢勇敢地去展现自我，原因有两个：一个是缺乏强大的自信心，没有勇气去展现，认为展现自我的长处是一种哗众取宠的行为；另一个是太要强，不愿当众表现，担心做不好失了面子，因此抱着犹犹豫豫、沉默观望的态度。

找到了问题的原因，我们就应当时时鼓励自己，正确认知自我展现的积极意义，关键时刻要勇于出击。

诀窍二：选择合适的时机、方式和方法

勇于自荐，并非在任何场合都适用，也需要找准时机，该低

调的时候低调，该挺身而出展现自我的时候，要毫不犹豫地敢做敢争。

比如在职场中，明明领导有解决问题的办法，有些人却爱表现自我，当众夸夸其谈，大有舍我其谁的架势。这样做，自然不能称作自我展现，只能算作耍小聪明的作秀，极易令人心生厌恶。

君子有所为有所不为，有才华还要有勇气，走出自荐的第一步，我们自会发现前路海阔天高，一片坦途。

适当地"麻烦"别人，可以拉近距离

麻烦别人，是我们反向获取人脉的"利器"

在我们的传统教育中，从小到大，父母长辈常常会给我们灌输这样的一个理念：尽量不要去麻烦别人，自己能够一力承担的事情，尽量自己去做。

在这种理念潜移默化的影响下，很多时候，我们便独自默默地承受生活中遇到的一切难题，哪怕是遇到自己根本无法解决的问题，也从未想起向身边的亲朋好友求助，总是一个人在困境中苦苦挣扎。

那么，这样的理念和行为方式，真的是正确的吗？

显而易见，任何时候都不去麻烦别人的认知是错误的，我们需要明白的是，凡事只依靠自己去解决，单枪匹马地孤军奋战，显然是在无形之中将所有的人都冷冰冰地拒之门外，如此我们的社交和人脉资源又从何谈起呢？

我们总觉得麻烦别人很不好意思，担心被麻烦者心生反感，久而久之，我们有一天会突然发现自己成了"孤家寡人"，身心负累，人脉圈和社交空间也愈来愈窄。

实际上，生活中懂得麻烦别人的人反而更受欢迎。其中的原因不难理解，不麻烦别人，人与人之间没有交集互动，那么我们的社交关系又能通过什么方式建立起来呢？

因此，适当地去麻烦别人，才能让彼此的感情逐步升温，一点一点增进双方之间的亲密度；更为重要的是，每个人的内心其实也无比渴望被需要，当别人麻烦他们的时候，他们的人生价值就能够得到充分的肯定。

在一家公司里，有一位新入职的年轻人喜欢绘画，同事们得知后，纷纷请他给自家孩子辅导。年轻人也非常热心，每次都愉快地给同事们的孩子辅导，分文不取。

时间久了，大家都感觉不好意思，有人打探到年轻人的生日日期，于是特意为他开了一次生日派对，并向他表示感谢。

谁知年轻人却激动地说："大家千万别不好意思，我能通过自身的所长教授孩子们，看到他们慢慢成长起来，自身的价值得到了肯定，这也是一种难得的快乐，所以我也要反过来感谢你们的认可。"

人际交往的本质就是如此，双向流动才能成就"一池春水"。在相互帮助中，彼此之间的关系才会越来越亲近，感情也会越来越深厚。反过来，谁也不去麻烦他人，那么人与人之间就像是两条平行线，永远不会相交到一起。

麻烦别人，需要注意哪些方面

关系是"麻烦"出来的，职场社交中，懂得适时地向他人寻求帮助，才是高情商的真正体现。正如作家康妮所说："很多人在搭建人脉上有一个误区：给别人添麻烦不好。但适度麻烦，才能建立更深层次的联系。"

众人拾柴火焰高，聚众之力，方能成就一番事业，所以该麻烦别人的时候，就大胆地去麻烦别人，不过有几个方面需要我们加以注意。

一、麻烦别人时，分寸感很重要

麻烦别人，有一个至关重要的前提，就是"适当"两个字。适当地去麻烦他人，这里面蕴藏着一个分寸感的问题。

具体来说，在人际交往中，不能过分麻烦别人，给他人出难题，那样反而会让对方知难而退；也不能太频繁地去麻烦对方，否则会令人避之不及，这也是"过犹不及"哲学道理的体现，必须掌握一个适度的原则，以形成良好互动。

二、麻烦别人，学会感恩之外，还要适时给予回馈

想要去麻烦别人，首先要想到的是，这个世界上，没有人有义务无条件地去帮助我们。所以，当获得了对方的帮助之后，应当心怀感恩，不要觉得这是理所应当的事情，从而寒了一颗热心。

其次，人际关系的互动是有来有往的，如果一个人只讲索取，不愿付出，久而久之，也没有人愿意去帮助这样的一个人。

正确的做法是，向对方表示感谢的同时也做出允诺，让对方有需要麻烦自己的地方，随时开口。有温情，才能构建出和谐的人际关系，积累丰富的人脉资源。

吃亏是福，但不能盲目吃亏

善良，也需要锋芒

在社交场合，有一句俗语广为人知，这就是"吃亏是福"。在中国传统文化的基因里，人与人之间社交关系的构建过程中，免不了吃一些亏，也应当去吃一些亏。

换句话说，己方和另一方交往时，要学会忍让和宽容，有时明知对方侵犯到了自身的利益与权益，但也不妨一笑置之，以一种宽容大度的优良品行去感化对方，让对方意识到自己的错误，从而为我们铺垫良好的人际关系。

然而，我们持以大度的胸怀，秉持善良的天性，一味谦和忍让，以致牺牲自身的诸多利益，真的就能让对方被我们的人格魅力所折服吗？想来未必。

仔细回想，在我们的朋友圈中，是否经常会有这样的一类人存在：说是有急事要办，心急火燎地跑来借车，开走的时候明明是满满的一箱油，谁知等到回来还车的时候，油箱已经见底了。不加油不说，他们还会理直气壮地说："过几天估计还会有事，提前把车给我留着。"

几个朋友聚餐，总有人会耍一些小聪明，每次买单时，从不会积极主动，不是借口上卫生间，就是忙着打电话，或者是直接装醉。等到最后其他人把单买了，他还会故作埋怨说："下次让我来，不要和我争。"可想而知，到了下次，他依旧故技重演，明着暗着占便宜，还常以此沾沾自喜。

诸如此类爱占便宜的人，在人际交往中，我们也免不了和他们打交道，想一想，我们的忍让和付出让对方改变了吗？肯定不会，习惯了占便宜，享受到了肆意挥霍他人善良的滋味，这些人只会得寸进尺，变本加厉，从不会有任何的改变。

因此说，虽然我们不否认"吃亏是福"在人际关系中所起到的润滑作用，但不代表我们就要一味地妥协退让，我们的容忍必须有底线，我们的善良也应当有锋芒。

如何避免盲目吃亏呢

吃亏是福不假，在一定程度上也有助于我们改善人际关系，拓宽人际交往渠道。但是不能什么亏都去吃，盲目地吃亏反而是一种低情商的体现。

具体来说，有这样三种亏不能吃。一是吃小亏不吃大亏。在人际交往中，通过吃小亏，我们能够吸取经验教训，也就能避免以后吃大亏。

二是吃主动亏，别吃被动亏。有些亏，我们愿意主动承受，但对于那些以道德的名义来"勒索"我们的被动亏，不要吃。

三是吃眼前亏，不吃长远亏。就像身边爱占便宜的人向我们借车不加油的行为一样，有了这一次，不能再有第二次，否则会助长对方贪得无厌的气焰。

明白了三种不能吃的亏，那么在社交中有什么好的办法避免我们盲目吃亏呢？

首先要有明辨是非的能力，分辨出善恶是非。

我们胸怀宽广，以和善之心与人相处，但有些人偏偏利用我们的善良占尽了便宜，恨不得"机关算尽"，处处得利。

对此，我们不能太天真，当认清了这一类人的真实面目之后，要果断地远离他们，免得被对方的"明枪暗箭"所伤。

其次要懂得拒绝，敢于拒绝。

生活中，总有一些人提出种种超越我们心理预期的不合理要求，甚而背离了我们所坚守的底线。一味地迁就对方，委屈自己，最终必会让我们深受伤害。

有一位商人，骑着骆驼走在沙漠里。夜晚，商人在搭建好的帐篷里休息。

沙漠的夜晚寒风刺骨，骆驼将头伸进帐篷里，请求说："可以让我也暖和一下吗？"

善良的商人同意了。哪知骆驼毫不犹豫地直接挤进帐篷里，它庞大的身躯将狭小的空间全部占据了，商人不得不退出帐篷外，在外面冻了一晚上，差点丢了性命。

寓言故事中的商人明知底线被侵犯，却依然不懂拒绝，盲目吃亏，受伤的只能是自己。

多给别人表现的机会

为什么有些人没有好人缘

在社交场合，有一种现象非常值得人们深思：一个各方面都极其优秀的人，才华出众，工作能力也没得说，事事都能拿得起放得下，这样一个几乎无可挑剔的人，却为何没能在同事朋友中间获得一个好人缘呢？

仔细观察这个人的言行举止就会发现，其之所以被大家疏远，其中一个极为重要的原因，就是他太过于以自我为中心，不懂得给身边的人表现的机会，风头太盛，恨不得将所有人的光芒都遮挡住。试想，谁又愿意和这种人相处呢？这样的人没有好人缘，容易招致众人的反感，自然是意料之中的事情。

诚然，每个人都渴望被人肯定，受人激赏，也常常为此拼尽全力，努力成为令人羡慕的"精英人士"。我们也从不否认个体积极的上进心和进取心，但静下心来反思自我：太爱表现自己，时时、事事、处处以自我为中心，是否设身处地、以换位思考的方式考虑过其他人的感受呢？

其实不仅是我们自己，对于职场和社交场合中的每一个人来说，都渴望能够当众表现自己。换句话说，每个人都想成为众人瞩目的主角，成为镁光灯下最耀眼的那个角色。

因此，如果我们不去考虑他人的切身感受，任何场合都抢尽风头，过度地表现自我，挤压其他人的表达空间，久而久之，我们不仅会失去好人缘，还会被众人"群起而攻之"，这也是古语"木秀于林，风必摧之"的体现。

记得法国哲学家拉·罗什弗科曾说过这样的一句话："如果你想要为自己结下仇人，那么你可以处处比你的朋友表现得更为出色；反过来，如果你想要赢得朋友，获得一个好人缘，就要让你的朋友胜过你。"

从拉·罗什弗科的话语中，我们悟出了什么哲理呢？显然，生活中那些高情商的人士，往往能够在适当展现自我的同时，也能充分给予他人适时表现的机会，由此在人际交往中得以游刃有余。

莫唱"独角戏"，不妨多给别人表现的机会

常言说"树大招风"，以自我为中心，沉迷在一个人的"独角戏"中，极大地阻碍了我们打造和谐人际关系的美好愿景。不给他人任何表现机会，必然会导致"众叛亲离"的严重后果，成为朋友圈中最不

受欢迎的那一个人。

所以，在人际交往中，请时刻铭记：多给别人表现的机会。

一、为人要谦和处世

人与人之间在交往时，谦和的态度非常重要。纵然我们的才华和能力都非常出众，但也不要因此得意忘形，要知道热衷四处夸赞自己的人，极易引起众人的厌恶。

做到为人谦和，其实也就切实地矫正了狂妄自大的行为态度，也为"多给他人以表现机会"打下了坚实的思想基础。

二、学会"藏锋露拙"

"好为人师"是职场中的大忌。为人处世谦和，我们便会进一步明白在社交场合要学会隐藏自身的锋芒，放下咄咄逼人的优越感。

能力高低不说，最重要的是要和周围的同事朋友打成一片，适当"示弱"以赢得众人的好感，这才是人际关系处理中高情商的体现。

三、适时退居台后

既然要多给他人表现的机会，就要让他人有当众说话的机会，有充分展现自我的舞台。因此，为了让他人也能获得"主角"的光环，我们不妨适时退居台后，不去影响他们，给对方以充分的发挥空间。

所谓舍得，有舍才有得。要舍得把表现的机会多留给他人一些，提升他们的"出镜率"，多个朋友多条路，在成全了他人的同时，其实也是成全了自己。

适时暴露自己的小缺点

金无足赤，人无完人

古语说："金无足赤，人无完人。"这句话极富哲理性，因为在这个世界上，没有完美无缺的人存在。

三国时期的诸葛亮，是后世人眼中智慧的化身，被人誉为"千古一相"，但他也并非十全十美。他习惯事必躬亲，但也缺乏后备人才培养的意识。

同时期的周瑜也是如此。周瑜少年英才，有勇有谋，堪称帅才。问题是他气量狭小，喜爱嫉妒，这也是导致他英年早逝的一大主因。

由此可见，古往今来，无论是先哲圣贤，还是普通民众，没有人是白璧无瑕的人，所有人的身上，总会有一定的缺点存在。

但为何在实际生活中，无论是在职场还是日常人际交往中，总有人想把自己打造成"完美无缺"的人呢？

分析这一类人的心理成因不难发现，他们之所以要费心费力打造"完美人设"，无非希望能够在社交活动中给人留下好的印象，让自己显得更出众、更优秀。问题是，这样做真的能够达到他们所期望的目的吗？

显然不能。在人际交往中过于追求完美的人，往往事与愿违，很多时候还会弄巧成拙。原因在于，太过完美的人，一方面给人一种不真实的感受，缺乏亲和力，让彼此相处都感觉很累。另一方面，有心人自然看得出那些刻意追求完美的人的故意做作和虚伪，从而对他们敬而远之。因此，一个刻意掩盖自身缺点的人，又怎能赢得人们的信任与好感呢？

一家著名的互联网公司招聘员工，名额有限，竞争非常激烈。

面试过程中，面试官让应聘者谈一谈自身的优缺点，一名刚从大学毕业的年轻人鼓起勇气坦诚相告，说自己组织能力较差，但热爱学习，纪律观念强。

竞聘结果揭晓，这名年轻人从众多优秀应聘者中脱颖而出，拿到了职位。事后，面试官直言不讳地对他说："你原本并非最优秀的那一个，但你不像其他应聘者那样，非要把自己包装成完美无缺的样子，你的诚实和敢于自我暴露缺点的行为，反而成了你竞聘时最大的优势。"

由此可知，在社交场合中，做真实的自己是多么重要。其实，我们自身具有缺点并不可怕，这样反而会让我们显得亲切可信、有血有肉，更容易让他人和我们推心置腹，增加对我们的认同感。

暴露自身缺点的技巧

在社交过程中，切忌故意掩盖自身的缺点，虚伪做作的人，最易让人心生厌恶。正确的做法是，适时展现一些我们身上的小缺点，展现真实自然的我们，才最受欢迎。不过暴露自身的小缺点，有这样几个小技巧，不妨拿来借鉴。

一、注意把握一个"度"

人们不喜欢故作完美的人，同理，大家也不愿意和一身都是缺点的人相处。所以在这里面，要有一个"适度"。

在与人交往时，自身的缺点不可"全盘托出"，更不能"过度暴露"。为此，我们不妨将身上一些无伤大雅的小缺点暴露出来，这些微小的瑕疵不仅不会影响我们的外在形象，反而更能增进我们与他人的亲密度。

文学大家沈从文，文章写得好，讲课技巧却非常一般，对此他也心知肚明，每当和新生见面时，他会自嘲地说："我讲的课不精彩，你们要睡觉我不会反对的，但是希望你们在睡觉的时候不要打呼噜，以免影响到其他人。"这种故意"示弱"的做法，亲切风趣，反而赢得了学生们最大的好感。

二、遵循一个渐进的过程

所谓渐进的过程，是指我们不能太过突然地将我们的一些小缺点全部暴露出来，而是以相对温和的方式，给人一种缓慢接受的过程，不至于令人太过惊讶。

比如我们做事冲动，自制力差，在社交场合就一定要学会控制，不能一下子暴露出来，讲究循序渐进的法则，让身边的人有一定的心理准备，并告诉他们自己在逐步改进这些缺点，会越来越稳重、越来越成熟。

相信把握好度，展现缺点的方式又能温和渐进，我们身上的小缺点反而能演变为一种人格魅力，拓宽我们社交空间的广度和深度。

必要时主动出击，掌握社交主动权

主动 vs 被动

什么是主动社交呢？所谓的主动社交，是指在人际交往和职场发展中，有意识地去结交一些对自己事业、生活能够起到帮助作用的各种人脉资源，通过这些人脉资源的积累与构建，对人生目标的实现起到重要的催化作用。

主动出击，掌握社交主动权，意味着我们拒绝在人际交往中被边缘化，在职场社交中永远占据主导地位，有能力掌控自身生存发展的方向。

仔细观察身边的人不难发现，那些善于掌握社交主动权的人，他们在人际关系的互动中有着非常高的活跃度，总是能及时主动出击，善于在人际交往中广结缘分。在有了丰厚的人脉资源积累后，这些人际关系都能够化作他们实现人生目标的重要资源，使他们成为人生的赢家。

美国人力资源协会曾联合《华尔街日报》，搞了一次社会调查，调查结果显示，大多数求职者是通过平日积累的人脉关系，才寻找到了心仪的工作。

国外职场社交如此，我们国内的情况也大致类似。比如通过对各大招聘网站的调查分析发现，通过熟人找工作，依然是职场社交中的一大主流。

正因如此，那些高情商的人总能把握时机，主动出击，获得社交主动权，一步步拓展人生前进的路径。

反观生活中，有这样一部分人，因为自身意志薄弱，缺乏必要的自信心，因而对积极主动开展良好人际关系的行为提不起兴趣。

可想而知，一旦目标驱动力丧失，就极易在短时间内被圈内的人群疏远，进而导致社交被动边缘化。此时，这一类人就如海中孤岛一般，只能慢慢自我封闭，从职场社交里黯然离开。

掌握社交主动权的三大妙招

想要获得社交主动权，就必然要求自我主动出击，将人生的决定权和发展方向牢牢掌控在自己的手中。那么，怎样才能逐步获得社交主动权呢？

妙招一：姿态要主动

对于我们每一个个体来说，想要扩大社交面，取得向上奋发的动力，就应当以充沛的精力和饱满的热情积极投入社交活动中，姿态一定要主动，被动地"等、靠、要"就永远只能游离在各个社交圈之外。

还需注意的是，在参加社交活动时，要承担一些力所能及的义务和使命，勤奋谦和，以扩大自我影响力，引起他人的重视。

妙招二：社交的目的要明确

参加社交的目的是什么？显然是为了获得一定的人脉资源，否则就是毫无意义的社交活动。

因此，当明确了社交目的之后，在相应的社交活动中，就应当思考一下，我们应该和谁建立深度关系？如何围绕自我目标的实现来开展人际交往活动？有了清晰的思路之后，才能逐步引导社交活动的走向，获得主动权。

妙招三：主动寻找各种有利于自我的社交方向

想要打开社交局面，认识和结交更多的人，多参加一些行业的培训会议是不错的选择。在这里，我们可以和不同行业、不同身份的人建立关系，久而久之，我们的社交面就越来越宽广了。

第 六 章

与陌生人"一见如故"，
快速获得好人缘

人的社会属性，天然地决定了在社会生活中，人与人之间的社交活动必不可少。进一步说，每个人都生活在一个特定的人际关系网中，稳定和谐的人际关系，有助于每一个个体实现人生的发展目标。在这其中，能够迅速地和陌生人拉近心理距离，打造出良好的人际关系，需要我们拥有高超的社交技巧，从而和身边的人建立起稳固、积极、友好的亲密关系。

初次见面，开场白很重要

注重"首因效应"的作用

在社交学中，有一种叫作"首因效应"的理论。这一理论主要讲的是在人际关系交往中，第一次见面能否给对方留下深刻的印象非常重要，决定着我们和对方下一步交往程度的深与浅。

举一个简单的例子，一个幽默风趣、开朗大方的人，当我们和他第一次接触时，就被他身上的这种人格魅力深深吸引。对其有了良好的第一印象之后，接下来和对方继续接触交流时，会使彼此的人际沟通变得无比通畅，双方大概率会建立起一个亲密和谐的人际关系。

所以，"首因效应"也使得我们每一个个体要在人际交往中，力争在第一次见面时，给对方留下深刻美好的印象。基于此，初次见面时优雅得体的开场白就显得尤为重要了。

一、好的开场白，会让对方一见倾心，愿意和我们进行深入的交流沟通

东汉末年，天下大乱，各个诸侯割据一方，都想让自己成为"逐鹿中原，笑傲天下"的那一个。

其中，实力弱小的刘备求贤如渴，当他得知诸葛亮有雄才伟略时，三顾茅庐，邀请诸葛亮出山辅佐他。

第三次，刘备得偿所愿，和诸葛亮相见。在交谈中，诸葛亮纵论天下大势，提出了"三分天下"的战略构想，这就是历史上著名的《隆中对》。

诸葛亮的这个开场白让刘备深以为然，由此对诸葛亮越发钦佩，连最初对诸葛亮不服气的关羽、张飞也佩服得五体投地，从而一举奠定了诸葛亮在刘备集团中无可取代的崇高地位。

二、好的开场白，能引起对方的重视，牢牢地吸引住对方

好的开场白，可以在双方初次见面时，起到先声夺人的效果。赤壁之战前，刘备想要和孙权联合，派诸葛亮出使东吴。

诸葛亮过江东后，一见孙权，他就采取了"激将法"式的开场白，说曹操大军压境，孙权不如早早投降，以免被曹军剿灭。

孙权继续追问，为什么刘备不投降？诸葛亮仰天大笑，说刘皇叔是天潢贵胄，岂能投降曹操？诸葛亮的一番话，孙权的面子上自然过不去，很快和诸葛亮达成初步合作协议。

诸葛亮的开场白十分成功，一席话就抓住了孙权一方的痛点，巧妙的社交艺术使得诸葛亮圆满完成了出使的重任。

三、好的开场白，是活跃社交场合气氛的"润滑剂"

俗话说："良言一句三冬暖，恶语伤人六月寒。"恰到好处的开场白，给人以和善、暖心、亲热的感觉，能够消融陌生感，瞬间拉近彼此之间的心理距离，并能给彼此留下初次见面时的好印象，接下来彼此之间的交流沟通就会顺畅很多。

做好开场白并不难

和人初次见面，做好开场白很重要，没有好的开场白，也就预示着没有好的开场。素不相识的两个人，正因为有了初见之时的志趣相投，才能引起彼此情感上的碰撞共鸣。所以，做好开场白，一要拉近双方的距离，二要引起对方的谈话兴趣，三要建立互信的基础，做好这三点，打开社交渠道就相对容易多了。

一、恰当运用问候语

第一次相见，必要的寒暄必不可少。这时我们要因时而异，比如在清早时相见，不妨说句"早上好"；在节假日碰面，也相应加上节日问候，如"春节快乐""新年好"等，以增进彼此的亲切感。

二、多去赞美对方

社交场合，人人都喜欢受到赞扬，得到尊重。因此，和对方相见时，不妨从对方的精神状态和衣着穿戴入手，去夸赞对方一番，尽快拉近彼此间的距离。

比如可以说："今天您的气色看起来非常不错，面色红润。"也可以说："您这身衣服太适合您了，大方得体，非常有气质。"这种当面赞美的话语，相信人人都爱听。

当然，需要我们注意的是，赞美要适当和适度，掌握好分寸，不能过分地胡乱吹捧，那样做反而会适得其反，让人对我们产生不好的印象。

三、寻找双方兴趣的契合点

有心的人，在和重要合作伙伴初次见面前，会做一些相应的了解工作，从中寻找对方感兴趣的话题。有了充分的准备之后，在相见时初步的寒暄后，就能迅速将话题的重心引导到对方愿意深入沟通的方面上来，激发其交谈的积极性。

这种方式的开场白，多用于求职或商务谈判等社交场合，往往能够收到事半功倍的沟通效果。

注意你的仪表

仪表美真的那么重要吗

有句古话说得非常好："佛要金装，人要衣装。"在人际交往中，一个人自身所展现出来的良好形象，是社交场中最好的名片之一。很多时候，我们能否抓住机遇实现人生的突破，优雅大方的个人形象十分关键。

也许有人对此不以为然，他们会说："注重仪表没有多大用处，一个人的美在于内在，而不是由外在决定的，所以只要我能够做到心灵美就行了，其他无关紧要。"

事实真的如此吗？当然不是。抱有这种观点的人，显然是把心灵美和仪表美两者完全割裂开了。

诚然，一个人只重视外在形象，徒有其表是不行的，但我们还应进一步认识到的是，心灵美固然重要，但仪表美也绝对不能忽视。其中的原因在于，良好的仪表仪容，反而更能将我们内在的道德情操和文化修养恰到好处地衬托出来。将内在美和仪表美统一到一起，互为表里，更能显示温润如玉的谦谦君子形象。

正如生活中的一些人，虽然他们无法选择自己的外貌长相，但他们完全可以通过对外在仪表形象的修饰，以一种落落大方、气质非凡的形象呈现在大家面前，给人以美的愉悦，在人们心中留下好印象。

有人曾问有着日本保险业"销售之神"称号的原一平，他取得成功的秘诀是什么？原一平指出，人际交往的核心点就是要重视个人的仪表。

生活中的原一平，确实非常注重自己的仪表形象。每次和客户相见，他都挑选适合的衣服，一定要让自己看起来精神抖擞，他认为这样做，是对客户最大的尊重。

原一平对待仪表的态度和做法值得借鉴，生活中许多反面的例子也证明了注重个人仪表仪容的重要性。比如在面试场合，邋里邋遢、不注意自身外在形象的人，面试第一关就会被淘汰。因为在面试官眼里，一个连自身形象都不在意的人，他能有好的态度认真对待工作吗？

心理学的研究也充分表明，在人际交往中，得体优雅的仪表，能够充分展现出自我的魅力与优点，同时谈吐爽利、彬彬有礼，做到表里如一，就会在别人心目中留下高分印象，自然也能不断地扩大自我的社交影响力。

管理自我的仪表，从现在做起

一个人的仪表，既包含穿衣打扮，也涵盖个体外在的言谈举止、姿态风度等多个方面。良好的仪表仪容，在社交活动中自然会给人春风拂面的感受，也将极大地拉近双方之间的心理距离。

那么在生活中，我们该如何恰当地管理自己的仪表呢？

一、注重修饰

管理仪表，个人要注重对仪容的修饰。首先要对发型"下手"。无论男女，发型的长短要合适，尤其是男士，尽量不留长发，一定要让自己显得精神振作，不能太过标新立异，"艺术家"的范儿，一般人驾驭不了。

其次是面容整洁干净。脸部清清爽爽，一眼看去让人倍感舒服。有的女性错把浓妆当作宝，这是适得其反的做法，妆容精致，不代表非要浓妆艳抹，自然才最好。

男士在这一点更需要注意的是自己的胡须，千万不能不修边幅，用沧桑装成熟，反而是不成熟社交心理的体现。

最后是服饰的穿戴和搭配。在这方面，服装以大方得体为宜，并不是越贵越好，更不能为了引起他人的注意，故意标新立异，着奇装异服。穿衣以整洁清爽为前提，着装整齐，恰到好处即可，这样才能带给人以美的感受。

二、言谈举止要克制

除了仪容整洁外，举手投足之间自然优雅的风范，也是自我仪表管理的重要内容。

有人注重个体外在的修饰，却常常犯了"毛手毛脚"的错误，站没有站相，坐没有坐相，有时眼神还飘忽不定，这些自然很难给人留下美好的印象。

因此，在社交场合，时时告诫自己必须注重举止美。以男士为例，"立如松、坐如钟、行如风"的精神气度，是我们努力的目标。相信一个气定神闲、从容不迫的人，才是大家愿意交往的对象。

三、做好微表情管理

微表情包括眼神、一颦一笑等。和人交谈时，要直视对方，眼神坦坦荡荡，切忌左顾右盼，一副魂不守舍的模样。

交谈到开心的时候，笑容应保持分寸，充满真诚。大庭广众下，冷笑、苦笑乃至放肆地大笑，都是不适宜的。

察言观色，关注对方的情绪变化

察言观色，高情商社交的必备技能

生活中，和他人相处，察言观色非常重要。善于察言观色的人，说话办事总能做到恰如其分，令人心情舒畅，能够快速地消除彼此的隔阂与陌生感。

反过来，缺乏"眼力见儿"的人，在人际交往中常常对他人不耐烦的暗示浑然不知，依旧滔滔不绝地述说，为自己的口才和表现暗自得意。殊不知，此时对方早已将自己拉入了不受欢迎的"黑名单"中。

一位青年去拜访一名长辈。初次见面，长辈热情有加，和年轻人深入地攀谈起来。

长辈年龄大了，谈话时间长了，自然有些力不从心，加上天色已晚，长辈有意结束这次谈话。

然而，无论这位长辈如何暗示，沉浸在谈话中的年轻人对长辈的情绪变化没有丝毫的觉察。甚至他茶杯里的水冷了，长辈故意"提醒"他说："要不再沏一点新茶喝？"他也还是毫无察觉。

这句话明显是送客的委婉说辞，可是这位年轻人竟然连声说好，这让那位长辈哭笑不得。

最后好不容易才送走了年轻人，长辈特意交代身边人，以后没有重要的事情，就不要让那名年轻人再来打扰他了。

本来是一次和谐且难得的面谈机会，却因这名年轻人不懂得察言观色，从而在长辈心里留下了一个"坏印象"。

由此可见，察言观色在社交场合是一种非常重要的交际能力，也是判断一个人是否具有高情商社交技巧的重要标准之一。那么什么是察言观色呢？

所谓的察言观色，就是在人际交往中，通过交流沟通等具体形式，去暗中观察他人脸上的神情变化，以及细微的肢体动作，从中捕捉他人内心深处的情绪活动。在这样的一个基础上，以做出对自我有利的应对策略，和对方始终保持良好的沟通交流氛围。

举例来说，在和人谈话时，如果通过察言观色，发现对方是一个为人豪爽、性格耿直的人，就要适时调整自我的谈话风格，不能含蓄委婉，而应直来直去，如此才能交心，不然会让对方心生反感，难以产生情感上的共鸣。

同样，如果在交流沟通中发现对方是一个性情敏感、谨小慎微的人，此时我们在交谈时，就要三思后行，注意措辞，避免让对方心生芥蒂。

凡此种种，都说明了察言观色是一个体现高情商的社交技能，不同的人，不同的情绪心理表现，都需要我们在第一时间察觉到。

察言观色，察什么？观什么？

在社交中，察言观色，要求我们善于捕捉对方种种言行举止方面的细节，因为细节往往是人在不经意间暴露的，是人真实情感和心理的外在显现，抓住了细节，也就意味着我们抓住了察言观色的关键点。具体如何察和观，不妨从这样几个方面入手。

一、闻其声，察其言

俗话说"言为心声"。一个人说话的语气、节奏，包括声调的高低在内，都有意无意地将对方的态度呈现在了我们的面前。

明白了这一点，和对方交流时，要认真聆听，去把握他谈话的语气节奏。如果一开始对方言语平缓，突然间加快了语速，这就提醒我们要注意他的情绪变化了。

也许是因为我们的某一句话激怒了对方，也或许是他在刻意掩饰什么秘密，这都需要我们根据具体的情况加以分析，并做出相应的调整。

二、观其情，看其色

人在谈话时，面部微表情在不经意间会"出卖"他内心的想法，此时仔细观察，自然能看出端倪。

明朝时期，有一次解缙陪太祖朱元璋钓鱼。哪知道钓了大半天，其他臣子都有所收获，唯独朱元璋一条都没钓上来。

作为皇帝，这面子往哪儿搁呢？朱元璋虽然不动声色，表面上装作若无其事的样子，但一边的解缙从朱元璋的神情中捕捉到了一丝妒意。

他灵机一动，高声朗诵道："数尺纶丝落水中，金钩抛去永无踪。凡鱼不敢朝天子，万岁君王只钓龙。"

这首诗无疑是在吹捧朱元璋，说之所以钓不上鱼，是因为陛下你是天子，钓普通的鱼多没意思，要钓就钓真龙。这样一来，朱元璋面子保住了，有台阶下了，不由得龙颜大悦，大大地赏赐了解缙一番。

三、望其眼，察其品

《孟子·离娄上》中说："存乎人者，莫良于眸子。眸子不能掩其恶。胸中正，则眸子瞭焉；胸中不正，则眸子眊焉。听其言也，观其眸子，人焉廋哉？"

这句话的意思是说，观察一个人，眼睛是一个重要的窗口，通过这个"窗口"，认真去观察，就可以看出一个人的品行是否端正，他掩藏在内心的善恶就无法隐藏了。

此外，一个人肢体的小动作，也是我们"察言观色"的重要方面，如用脚轻轻敲击地面，双手来回揉搓等，都是对方情绪变化的表现。

想要拉近距离，需要适当投其所好

投其所好的做法是不对的吗

在社交场合，你有没有遇到过这种尴尬的情况：去拜访一名新客户，或者是参加社交派对，又或者是刚刚结识了一位新朋友，然而在进行初步的沟通之后，我们会发现这次的社交是失败的，没有能够让对方留下一个美好的印象，双方因为观点上的分歧，话不投机，不欢而散。

人际交往过程中，像这种被人"拒之于千里之外"的现象屡见不鲜，那么问题究竟出在哪里呢？为何换作其他人，社交局面就能被迅速地打开，我们自己却屡屡碰壁呢？

在经历了无数次的社交失败后，我们常会心生疑问：是不是自己天生缺乏和人交流沟通的技能呢？在为人处世方面，错在了什么地方呢？

分析里面的原因不难发现，不懂得投其所好，没能发现对方感兴趣的话题，往往是导致社交失败的重要因素。

为什么要这样说呢？举一个简单的例子。在一个社交场合，两个陌生人坐在一起交谈，如果其中一方能够快速地找到对方感兴趣的话题：是否爱好读书写作？平时有没有投资股票的偏好？日常的运动锻炼喜爱哪些项目？只要能够找到对方的兴趣点，顺着这个话题谈下去，彼此之间的心理距离将很快消除，在短短的时间内，就会成为无话不谈的朋友，仿佛多年未见的至交好友一般。

"引爆"对方感兴趣的地方，就能达成良好的社交效果。在心理学家眼里，这就是"共同喜好原理"的现实体现。这一原理告诉人们，在现实生活中，每个人都喜欢和与自己有共同语言的人交往，尤其是三观相近的人，性情脾气相投，更能引起双方的情感共鸣，起到消除隔阂和戒备心理的奇妙作用。

明白了这一点，在人际交往中，应通过察言观色、分析归纳对方的话语，从中发现交往对象的喜好，然后在接下来的行动中，投其所好，对症下药，以收奇效。

说到这里，也许有人会提出不同的意见：投其所好，本身就是一个贬义词，这种行为不值得提倡。

显然，抱有这种观点的人，是对"投其所好"行为的一种错误认知。对方喜欢钓鱼，适当聊一些钓鱼的话题；对方喜欢打球，多谈论一些和打球有关的事情，只是找些共同的话题，以增进彼此的关系，难道这种行为就是一种错误吗？如果这样做都算不妥的行为，那我们就只能把自己封闭起来，不和外人交流了。

毕竟，物以类聚，人以群分。不去谈论双方共同感兴趣的话题，非要故意抬杠，处处针锋相对，试想，这样的社交还有什么意义呢？

真正的投其所好，并非随声附和，更不是阿谀奉承，它是一种高情商的人际交往艺术。在言谈之中，向对方释放善意的信号，以增进彼此的好感，进而建立亲密的关系。

掌握投其所好的技巧

生活中，每个人都有不同的喜好，有人喜欢辛辣的食物，拒绝甜食；有人钟情绿色，厌恶黑色；也有人习惯说话开门见山，不爱拐弯抹角。凡此种种，都需要我们掌握一定的"投其所好"技巧，寻找双方的平衡点和共同点，以达成良好的社交效果。

在具体技巧掌握上，有这样几个巧妙的方式，可供借鉴。

一、聊对方了解的事情

沟通交流的前提，是彼此都有话可说，话题多了，双方的关系也会越来越亲密。因此，在谈话时，要多去寻找对方了解的事情去谈，也就是从对方的专业特长出发，以引起对方的谈话兴趣。如果我们一上来就天南海北乱侃一气，很容易会让对方云里雾里摸不着头脑，自然就失去了进一步沟通的基础了。

二、聊对方关心的事情

社交场合中，和对方初次相见，要细心留意对方的情绪状态，从他们关心的事情聊起。比如对方可能失恋了，心情低落，此时我们不妨关心地询问对方有什么心事。被人关心总能让人心生感激，一旦他们能够打开"话匣子"，后面的交流就会无比通畅。

三、多聊对方，少聊自己

人们都有被关注、被重视的心理诉求，受到他人的重视，让自己成为社交场合的焦点，常让人的心理获得极大的满足。因此，在谈话时，我们要多聊聊对方，激发对方的谈话热情，相信这种投其所好的行为一定能帮我们快速走入对方的心理防区，获得他们的接纳和认同。

别忘了眼神和笑容的交流

眼神和笑容，是真诚、友善的象征

在人际交往中，人们最害怕遇到什么样的局面呢？

在初次相见时，假如被对方直接拒绝，也许还不会太难过，此时我们也会进行自我心理安慰：也许对方有紧要的事情，今天的时机和场合实在是不方便，没关系，下次一定把握好机会。

如果我们没有被对方一口拒绝，但在整个交谈的过程中，对方从来不愿和我们进行眼神交流，脸上也是一副冷若冰霜的表情，此时我们就应及时察觉：对方一定是耐着性子和我们沟通，其实在他们的内心深处，早就对这次交流心生厌恶了。

换位思考，在社交场合，我们在和对方沟通时，眼神飘忽不定，也没有什么亲切的笑容，只是一副例行公事般冷冰冰的模样，相信也会极大地刺痛对方，在他们的心目中留下不好的印象。

在一个房间里，几名大学生依次参加面试，职位有限，竞争无比激烈。然而在最后，面试官宣布结果，一名相貌普通的女生成功拿到了公司的职位。

为什么是这名女生，而不是其他人呢？总经理在审批入职报告时，向面试官抛出了疑问。因为从学历、专业、毕业学校方面，这名女生的"硬件"都不是最突出的。

面试官从容地回答说："是对方的眼神和笑容，征服了我，也征服了其他的面试人员。在回答问题和自我介绍环节，这名女生眼神坚定，笑容亲切，举止从容，不像有些面试者，胆怯害羞，不敢用眼神和面试官交流，总是躲躲闪闪的样子，缺乏自信和亲和力，我相信我的眼光没有错，这份工作她才是最适合的。"

总经理听了之后，也笑着道："其实刚才你们面试的时候，我恰巧从窗外经过，也略微观看了一会儿，这名女生镇定的眼神，给人以真诚、友善的感觉，我当时就非常看好她，看来大家是'英雄所见略同'啊！"

案例中女生的成功，就在于她善于利用眼神和面试官交流，用亲和的笑容去感染每一个人，给人留下最美的印象，那么宝贵的机会就非她莫属了。

在人的面部表情上，眼神和笑容最具表现力，柔和坚定的眼神，甜美亲和的笑容，最能拉近人与人之间的距离，学会用眼神和笑容与人交流，自然能极大提升我们的社交"魅力值"。

巧用眼神和笑容

一、和人交流时，多去凝视对方

古罗马诗人奥威特曾这样说过："沉默的眼光中，常有声音和话语。"

事实也是如此，在人际交往的谈话中，我们要充分注重眼神的作用，巧妙地运用眼神在交流中所具有的神奇作用。

比如想要给对方留下深刻难忘的印象，那就多去凝视对方，以彰显自我的自信心；对方在讲话时，也要多用眼神和他们交流，通过这种方式，让对方获得一种被重视、被信任、被鼓励的心理感受。

需要注意的是，正视对方，不是说要一直死盯着对方看，那样会让人们感觉不舒服，有失礼貌。正确的做法是，盯着对方眼睛和鼻子之间的三角区域，同时随着谈话的进行，不要一直盯着看，要适时地移开目光，稍做停留，再回转目光，这样的眼神交流最有效果。

二、用笑容去温暖人、感染人、征服人

在眼神之外，笑容在人际交往中的作用也不可忽视。即使是在彼此不熟悉的陌生人之间，双方哪怕只是匆匆擦肩而过，对方一个浅浅的、充满善意的笑容，也将使我们感受到人间的温暖，并铭记于心。

笑容是传达快乐的重要源泉，笑容也是消除人际交往中陌生感的"利器"。在情绪传达中，善意、亲切、温和、真诚的笑容，往往起到

了"无声胜有声"的神奇效果，有时比直白的语言还有价值。

　　需要注意的是，在人际交往中，笑容要自然、得体，也要注重场合，切忌在公众场合夸张地大笑，或者是不怀好意地偷笑，这种"笑"，会使社交的效果大打折扣，徒增他人的反感。

使用肢体语言来传递友善吧

肢体动作，是人类的"第二语言"

在人际交往中，如果留心观察不难发现，在话语之外，肢体动作也是人际沟通的一个重要方面。或者说，人们身上所表现出来的种种肢体动作，也是人类沟通交流过程中所不可忽视的"第二语言"。

正如艾伦·加纳所说："在社交行为中，人们通过特定的肢体动作，也能够很好地表情达意，起到顺利沟通的效果。"

怎样理解艾伦·加纳话语中的含义呢？举一个简单的例子。当我们心情不好，或处于人生低谷时，有人走过来在我们的肩膀上轻轻地拍了一下，然后又用鼓励的目光和我们对视。虽然在整个过程中，两人没有任何的语言交流，但轻轻拍肩的动作和肯定鼓励的眼神，也会使得我们感受到来自对方真诚的善意和热切的期待，鼓励我们熬过人生最为痛苦的时光，收拾心情，重新出发。

晓磊是一家公司新入职的员工。初入职场的他希望能够在同事中获得好人缘，以便工作能够顺利开展。

因此，在日常工作中，他非常注重和同事搞好关系，性情开朗的他自认为能够在社交中打开一片新天地。谁知几个月后，晓磊慢慢发现，大家好像不是太愿意和他亲近，比如每次大家谈得兴高采烈时，他加入进来后，就遭遇冷场的尴尬。

察觉到了异常之后，晓磊感到非常痛苦。明明想要努力融入大集体之中，到最后反而落了一个"被孤立"的下场，自己究竟错在了什么地方呢？

为此晓磊向同时进入公司的另一名同事求助，希望对方能实言相告。看到晓磊如此真诚，这名同事也就直言不讳地说："平时你为人不错，性情直爽，是个热心人，但是你知道为什么得不到大家的喜欢吗？"

这名同事说到这里，顺手指向晓磊继续说："看看现在你的肢体动作，双臂抱在胸前，虽然我明白你是真心求教，但这种肢体动作，总让人感觉你比较高傲，不愿意让人靠近。如果仅仅只是这样的一个动作也就罢了，你不妨仔细回想一下，和同事交流时，你要么喜欢背着双手，要么眼神向上，谁看了之后都不舒服，又怎么愿意和你交朋友呢？"

同事的一席话，点醒了梦中人。晓磊仔细回想自己平日的举止，也确实如此，不由红了脸。从此之后，他积极加以改正，果然很快便融入了大集体之中。

晓磊和熟悉的同事交往，都能因为不当的肢体语言而丢失了好人缘。试想，如果我们和陌生人第一次交往，做出像晓磊这种的肢体动作，自然会给人一种拒人于千里之外的感受，谁看了都不会舒服的。

善用肢体语言来展现真诚与善意

肢体动作是人类的"第二语言"，运用得当，可恰到好处地传情达意，释放我们的真诚与善意。在这里，这几个方面要引起注意。

一、眼神要专一坚定

人们常说，眼睛是心灵的窗口。我们从一个人的眼神里，常常可以解读出许多潜藏的含义。是真诚还是心怀恶意？是友善还是图谋不轨？是坦荡还是心里有鬼？都可以从一个人的眼神中找到答案。

因此，在与人交流时，眼神要专一坚定，给人以胸怀坦荡、磊落光明的正人君子形象。正直的人，最易让人放下戒备心理，这就是眼神这一肢体语言的奇妙之处。

二、动作表情要恰到好处

从人的动作表情中，可以读出大量丰富的信息。比如，频频点头表示赞同；脸部高高扬起，给人一种高傲的感觉；紧咬嘴唇表示态度坚决；撇嘴意味着对人轻蔑；鼻孔大张代表着愤怒等。

明白了这些，在和人相处时，要懂得适当控制头部动作和面部表情，去除让人厌恶的头部动作和面部表情，以微笑、亲切的形象示人，释放我们的善意，和对方尽快拉近距离。

三、坐姿要端端正正

初次相见，因为和对方不熟，所以一定要注重自己的坐姿。跷腿或斜靠的坐姿缺乏风度和涵养，会令人反感。

正确的做法是，坐姿端正，腰板挺直，这样既尊重了对方，又展现自己的真诚，自然也能够获得对方的尊重与认可。

有一种涵养，叫认真倾听

倾听比表达更重要

在世界名著《简·爱》中，有这样一句话说得非常好："你的高明之处不在于如何谈论自己，而在于倾听别人谈论自己。"

这句话的意思不难理解，即学会倾听比急于表达更重要。懂得倾听是人的一种良好修养，也是自我成熟的重要标志；更为重要的是，懂得倾听的人，在人际交往中，更能有效增进沟通，减少误解。

然而在现实生活中，有些人在人际交往中常常犯了急于表达自己观点的错误，他们生怕别人不能被说服，不能接受自己的观点，于是开始滔滔不绝的"独角戏演讲"，谁知越是这样，越让人反感，沟通的效果更是事与愿违，适得其反。

在一家不大的公司里，一位新来的员工对公司的管理很有想法，渴望找老板好好谈一谈。

老板每天忙于工作，对这名新员工的想法并没有足够重视，每次新员工想要坐下来和他好好聊聊时，老板总是不耐烦地一挥手："现在我正忙着呢！有机会再说。"

有一次，因为与一名客户沟通的问题，这名新员工和老板之间发生了争执。争吵到最后，新员工说了一句非常"扎心"的话："老板，这么久了，你有没有真正聆听一下我的想法，每次总是你在喋喋不休地讲着大道理，可是这真的起作用了吗？"

新员工的话让老板顿觉汗颜。他回想自己平日的所作所为，正如这名新员工所说，每次对他总是摆出一副不耐烦的神色，从未耐心聆听过新员工内心真实的想法，难道真的都是自己正确吗？

羞愧的老板终于放下了身段，他安静地坐着，让这名新员工将内心的委屈、不满，包括对公司未来的建议，一一说给他听。

在专注倾听之后，这位老板才突然发现，这名新员工的内心原来这么丰富多彩，他的很多想法和规划也非常有道理。直到此时，老板才感到后悔，后悔当初自己太过自我，不会倾听，不给对方表达的机会，自顾自地高高在上地大说特说，才让他们之间的隔阂越来越深，其中的错误，正在于自己。

懂得倾听，才能真正地去理解对方，所以任何事情都应当站到对方的立场上去想一想，这是能够增进双方理解的最为有效的办法。

换句话说，我们要学会换位思考。尤其在社交场合，不会倾听，就不能感同身受，只有在交流中懂得倾听，才能在彼此之间产生强烈的情感共鸣。

如何做好倾听呢

认真倾听，是一个人涵养和教养的体现。一个真正有价值的人，未必是最能说的人，但一定是一个最会倾听的人。

古希腊哲学家苏格拉底曾说："上天赐给每个人两只耳朵，一双眼睛，而只有一张嘴巴，就是要求人们多听多看，少说话。"

苏格拉底的话富含哲理，为什么人类只有一张嘴巴？原因很简单，就是让人少说多听。在倾听中，我们才能多去了解对方，了解了对方，才能多去为对方设身处地着想，这样一来，一旦沟通的双方成为心灵上的知己，自然就可以收获期望中的社交效果了。

有人不会倾听，不懂倾听，那么如何才能做好倾听呢？

一、要带着尊重去倾听

倾听别人的谈话，态度端正是第一。在人际交往中，有些人认为倾听是对他人的一种"恩赐"，总是态度傲慢，做出一副迫不得已才耐着性子倾听的表情，这样做，沟通交流当然不会有好的效果。

正确的做法是，在倾听时表现出极大的尊重，脸带真诚，当对方感受到我们身上满满的诚意时，自然会心生好感了。

二、带着思考去倾听

有人将倾听简单地理解为"带着耳朵听"就可以了。听的时候看似认真，其实对方讲了什么却一无所知，也不懂得如何去引导和安慰对方。

　　真正的倾听，是带着思考去听。聆听对方的诉求，聆听他们内心的真实想法，在深入地了解之后，适当地循循善诱，或有针对性地提出问题，引发讨论，这样的沟通才最有效果。

第 七 章

重视与朋友的社交，
友情也是需要维护的

俗话说："多个朋友多条路。"在人生发展中，朋友是我们前行道路上重要的帮手之一，我们需要拿出真心，真诚地去和生活中每一位值得交往的朋友结交。由此，如何经营和维系朋友关系，就成了社交活动中的一项主要内容。掌握一定的社交技巧，懂得如何赢得朋友的信任，我们的人生之路才会更加宽广。

友情需要用心经营

为什么友情会疏远

著名物理学家爱因斯坦说过这样的一句话："人世间最为美好的东西，莫过于有几个头脑和心地都很正直的朋友。"

爱因斯坦的话语中，透露着对友情的珍视。因为人类本身就是一种群居性的生物，很少有人能离群索居，没有朋友的日子意味着孤独寂寞、缺乏支持、缺少关心、无人可以倾诉，这种滋味最让人煎熬。

所以，在人际交往中，每个人都渴望能够结交到更多的朋友，去拓宽人生发展的道路。身边如果能够有几个至交好友，就像俞伯牙和钟子期、管仲和鲍叔牙那样，心意相通，无论是顺境还是逆境，一路风雨相互扶持，再苦再累也能咬牙挺过去。

然而在成年人的世界里，我们常常会发现这样的一种现象：曾经是无话不谈的好朋友，却不知从什么时候起，双方的友谊似乎按下了"停止键"，即使彼此社交媒体的联系方式还都存在于各自的通讯录中，可是却因疏远被蒙上了"一层灰"。

纵然有时偶然相逢，内心酝酿已久的话，到了嘴边却变成淡淡的问候，礼貌地打过招呼后，各奔东西。

为什么友情会逐渐疏远，乃至成为最为熟悉的"陌生人"呢？分析其中的原因，不外乎这样几种情况。

一个是疏于沟通，让友情的味道变淡。人们常常将友谊比喻为陈酒，越久越香，越陈越有味道。殊不知，这里面有一个重要的前提，即关系再亲密的朋友，也要多沟通，缺乏沟通交流，那么随着时间的流逝，彼此之间将会越来越生疏，直至最后断绝了联系。

再一个就是距离方面的因素。很多时候，距离并不能产生美，反而会产生隔阂。曾经亲密无间的朋友，因为工作、生活等原因，天各一方，随着距离的变远，各忙各的，少了关心和问候，日子久了，友情也就随风散了。

由此可见，因为不常联系，不再把对方放在心里相对重要的位置，再好的友情也会疏远变淡，只有用心去经营，才能让彼此的友谊长久地维系下去。

你会经营友情吗

人与人之间从相识开始，到最后成为朋友，需要一个渐进的过程。但是说到断交，也许只是一瞬间的事情。

或许因为一次拒绝，也或许彼此之间产生了小小的误会，但在猜忌和误解下，细微的缝隙扩展成鸿沟，最终会让友情中断。

因此，再好的友情，也需要用心去维护、去经营，唯有如此，友谊才可天长地久，稳固如磐石。

一、可以不去锦上添花，但一定要雪中送炭

友情是什么？友情是互帮互助，相互鼓励和支持。对方越是困难，越要鼎力相助，患难与共，这样的友谊才牢固。

然而，现实生活中，很多人在人际交往中，慢慢忘记了友情的本质，对方得意时，愿锦上添花，一旦对方失意，就远远躲开。

这种经营朋友关系的行为，自然会被人打上"势利"的标签，当大家认清了这个人的真实品行时，就会慢慢远离他。

二、相互包容，相互理解

在和朋友相处过程中，双方之间不可避免地会产生矛盾冲突，对于这些纷争，朋友之间应能从相互理解出发，做到相互包容。

对于误会，一笑而过，争执之后，友谊依旧亲密如初；而对于一些不触及底线的矛盾纷争，一方应大度一些，主动放下身段，赔礼道歉，求得另一方的谅解，又有什么不可以呢？

生活中很多人正是因为太过固执，和朋友闹了矛盾，有时明知是自己的错，但常常以"抹不开面子"为借口，失去了和朋友和解的最佳时机，以至于双方"老死不相往来"，一段真挚的友谊就此宣告终结。

除了这些，在经营友情中，我们还应学会换位思考，懂得珍

惜，多去为朋友考虑，毕竟得到一份友情不容易，要好好维系，用心维护。

　　同时，无论多忙，也要隔一段时间问候一下对方，有机会更要一起坐一坐，聊一聊。莫要断了联系，变得生疏，有了隔阂，要知道问候虽小，却暖人心。

酒肉朋友不可深交

交友不慎误终身

朋友，是一个听起来就倍感亲切的词语。在人生旅途中，有志同道合、心意相通的朋友相伴，一起分享快乐，共同面对风雨，自然是生平快事。

不过仔细咀嚼，我们会发现，朋友是个中性词，有肝胆相照、不离不弃的良友，也有浮于表面的酒肉朋友。

显然，每一个三观正常的人，都会选择结交良友，远离那些酒肉朋友。

也有人会提出反对意见：酒肉朋友有什么错吗？心情不好了，和他们吃吃喝喝，天南海北地胡侃一番，在热热闹闹中释放压抑的心绪，不也挺好吗？为什么非要给他们贴上不良的标签呢？

如果仅仅是吃喝玩乐，这样的酒肉朋友倒也无可厚非。只是在很多时候，身边酒肉朋友多的人，自我的人生观、价值观将深受对方的影响，在一步步诱导之下，容易误入歧途，遗恨终生。

身边有一位朋友的遭遇即是如此，很有代表性。

朋友有个儿子，早早辍学，也没有找一份稳定的工作，每日里和一帮同龄人玩乐。慢慢地，放任自流的儿子和一群鱼龙混杂的酒肉朋友打得火热。

朋友为此曾劝说过儿子，千万不要胡乱交朋友，交友不慎会引起不必要的麻烦。

儿子对于父亲的劝说充耳不闻，反而认为长辈的思想落伍了，他们一群人称兄道弟，颇有江湖义气，这才是年轻人的世界。

谁知正是这所谓的"江湖义气"害了他，有一次朋友的儿子因为帮人出头、寻衅滋事，受到了法律的严惩。而此时他昔日的那些所谓的朋友，一个比一个消失得快，没有人愿意真正去帮他一把，哪怕是一句诚心的安慰也没有。

朋友的儿子之所以一步步滑落人生的深渊，就在于受酒肉朋友所累，从而偏离了正常的人生轨道。

交友不慎误终身！酒肉朋友，只是在吃喝玩乐的时候是嘴上的朋友，一旦到了关键时刻，他们不会为了你"两肋插刀"，更不会"雪中送炭"，和这些没有正确人生价值导向的朋友交往，又有什么意义呢？只是白白浪费了我们的宝贵的时间和精力，还是远离为好。

如何辨别身边的酒肉朋友呢

酒肉朋友不可深交，有时迫不得已聚在一起，保持泛泛之交即可，切忌将这种假朋友当作真朋友看待。那么，生活中如何去分辨真假朋友，用火眼金睛将酒肉朋友给"揪出来"呢？

一、只为吃吃喝喝而来的人并非真朋友

《增广贤文》中有一句话说得非常好："有茶有酒多兄弟，急难何曾见一人？"

酒桌上，有些人端起酒杯热情似火，哥哥弟弟叫得非常亲切；喝到酒浓处，大包大揽，在他们口中没有摆不平的事儿，各种吹嘘和承诺张口即来。

然而散场之后，有事相求时，这些人很快换上另外一副面孔，要么各种推诿扯皮，要么故作糊涂，言语搪塞，反正一个中心：回避谈正事。

像这样的一类酒肉朋友，只为吃喝而来，偶尔相遇喝几杯就算了，千万不要和他们深交下去，否则是自寻烦恼。

二、唯利是图、见钱眼开的人不可交

唯利是图、见钱眼开的人，是另一类酒肉朋友，这种人的危害性比单纯吃吃喝喝的人更大。他们的眼中没有友情，只有利益，为了利益可以不择手段。

那么，如何分辨身边唯利是图的小人呢？其实也不难。当你得意时，他们蜂拥而来，各种好话说尽，目的只有一个：想要从你身上捞取一点利益。因此，对于我们身边那些爱奉承的人，一定要擦亮眼睛

认清他们。

三、阴险狡诈、落井下石之徒要警惕

生性阴险的人，内心总是充满阴暗的色彩。平时和我们称兄道弟，其实不过是虚情假意罢了，暗地里，他们一直在盘算着如何拉人"下水"，或将我们的幸福生活打碎，他们反而从中获取"畸形的心理满足"。

这一类人，看到朋友春风得意时，表面上一脸恭维的模样，实则心生嫉妒，背地里各种冷嘲热讽；朋友落难，他们不仅不会伸出援助之手，还会奚落挖苦，甚至踩上一脚。

平日里要多留心观察，狐狸的尾巴终究藏不住，当看清了对方的真实面目后，一定要及时止损，对他们敬而远之。

与朋友开玩笑要把握尺度

玩笑，不可随意开

生活中，在人与人之间的交往过程中，尤其是朋友之间开玩笑的情况非常普遍。适度的玩笑，可以起到活跃气氛、调节情绪的作用。俗话说："笑一笑，十年少。"玩笑逗乐，对人的身心健康都有很大的益处。

有一位演讲家，应朋友邀约，前往一所城市开展演讲。

谁知那天天公不作美，雷电交鸣，下了一场大雨，因此偌大的剧场，上座率不高，大约只坐了一半的人。

望着台下略显空荡的场景，这名演讲家有点尴尬，毕竟演讲需要火热的气氛，台下人不多，演讲者自身都有点不在状态。

主持人和演讲家熟识，他看到这种局面后，清了清嗓子说道："我发现一个秘密，咱们这座城市的人都非常有钱，还对今天的演讲大师非常追捧，为什么呢？因为每个人都至少买了两张门票。"

一句话，便使台下的观众发出会意的笑声，现场气氛也变得热烈起来，这名演讲家感激地看了一眼主持人，很快进入了状态，演讲取得了很好的效果。

主持人说大家对演讲家非常追捧，本是一句玩笑话，不过因为得体幽默，有效化解了尴尬，活跃了气氛。

在社交场合，恰当的玩笑话，往往能够起到"四两拨千斤"的作用；可是我们也应知道，并非是所有场合、所有时机、所有对象面前，都适合开玩笑。我们需要明白的是，和朋友开玩笑，一定要把握好尺度。即使是再熟悉的朋友，开玩笑也要分场合，看对方的心情，否则"一着不慎"，必将弄巧成拙。

甄妮和晓慧是一对好闺蜜，从大学开始一直到参加工作，从来没有分开过。因为关系亲密，平时两人也常会开一些无伤大雅的玩笑，谁也不会放在心上。可是一次偶然，两人竟然因为一句玩笑话闹掰了。

原来有人给甄妮介绍了一个对象，作为好朋友，晓慧自然被甄妮拉上一起去做个参谋。

见面后，男孩子高大帅气，这让甄妮芳心大动。谁知当男孩询问甄妮有什么爱好时，晓慧在一边开着玩笑："我家甄妮没什么爱好，就是睡觉爱打呼噜，呼噜声可大了，你可要提前有心理准备啊！"

晓慧的一句话，让气氛变得无比尴尬。打呼噜是甄妮的隐私，平时说说无妨，但在相亲场合，尤其是心仪的男孩面前，这个玩笑确实开得很不合时宜，换作任何一个女孩子，都下不来台。

事后，男孩果然和甄妮不联系了，甄妮也将相亲泡汤的事情归罪于晓慧，怪她多嘴；晓慧也是满肚子委屈，认为甄妮小肚鸡肠，两个好朋友就此决裂。

因此，玩笑不能胡乱开，不可随意开，再好的关系，也要注意场合，把握分寸。

抚心自问，你会开玩笑吗

开玩笑，有助于增进感情，调节气氛。无伤大雅、幽默风趣的玩笑，自然受人欢迎，而那些"情商低"的人，一张嘴就得罪人。所以，不妨多问问自己：和朋友相处，自己会开玩笑吗？有哪些尺度需要把握呢？

一、开玩笑，应区分不同的对象

人与人之间的脾气秉性、心理承受能力都是不同的，因此开玩笑要注意区分不同的对象。比如，晚辈不宜随意和长辈开玩笑，下级慎重和上级开玩笑。还有一些玩笑，同性之间可以，异性之间就不适合了。尤其是对女性朋友，开玩笑要适可而止，切忌言语轻浮。

二、开玩笑，要注重场合与环境

在一些严肃的场合，如会议室、图书馆、医院等场所，要少开玩笑。原因很简单，在这些地方大声喧哗、肆意逗笑是不合适的，最多轻言巧语，微微一笑，调节一下气氛，点到为止即可。

三、开玩笑，要留意对方的心情

开玩笑，是让彼此开心的事情，但如果对方遇到了大麻烦，或者遭遇非常伤心的事情时，就不要开玩笑了，此时再好笑的事情，也很难让对方解开心结，反而会让对方因我们不合时宜的做法心生怨念。

四、开玩笑，注重内容，不能越界

情调高雅、健康风趣的玩笑，人人喜闻乐见，开怀大笑后也会心情舒畅。对于那些庸俗、恶意诋毁、取笑对方的玩笑，一定开不得，那样做，你很快就会失去朋友的。

关系再好，也要保持距离

"亲密无间"，会让朋友有压力

　　人际交往和人际关系的处理，蕴含了很多巧妙的技巧，以和朋友交往为例，哪怕两人之间的关系再亲密，友情再牢靠，也不要走得太近，彼此之间保持一个"不远不近"的恰当距离，相处才会愉快，身心也不会太累。这也是"君子之交淡如水"道理的体现。

　　草原上，蜜獾和蜂鸟是一对好朋友。每天早上太阳才刚升起来，蜂鸟就飞到蜜獾的身边，叽叽喳喳地叫个不停，不停地催促蜜獾早点起床。

　　蜜獾肚子饿了，想要去寻找食物的时候，蜂鸟就在蜜獾的头顶上方盘旋，给蜜獾指明道路。即使遇到恶劣的天气，蜂鸟依旧不离不弃，相伴蜜獾左右，讲一些新鲜有趣的事情给蜜獾听。

　　一开始，蜜獾为有蜂鸟这样的朋友而高兴。可是时间久了，它便对蜂鸟不耐烦起来，认为蜂鸟每天在它耳边唠唠叨叨，让它实在心烦意乱。

终于有一次，蜜獾在草原上奔波了一整天也没有寻找到食物果腹。本就饥肠辘辘，又赶上蜂鸟在它眼前又唱又跳，这下蜜獾爆发了。它对蜂鸟大声吼道："够了，你让我耳根清净一些好不好？真是烦死了。"

蜂鸟闻言，一下子愣住了。它原本以为自己和蜜獾是无话不谈的好朋友，希望用自己的歌声给它带来快乐，谁知却让"好哥们"大发雷霆，委屈的蜂鸟躲在一边哭泣了起来。

寓言故事里，蜂鸟对蜜獾那么好，却反遭斥责，它究竟错在了哪里了呢？

显然，蜂鸟和蜜獾双方之间走得太近，不让蜜獾有一点私人空间，睡个懒觉都不被允许，这自然让蜜獾有了极大的精神压力，最终情绪崩溃。

寓言故事往往是现实的写照。在日常生活中，朋友之间相处，无论关系亲密与否，时刻要牢记"距离"两个字。

没有距离，彼此走得太近，不仅不能有效增加友谊的亲密度，反而在很多时候，给人一种被束缚的紧迫感，最终成为双方友谊破裂的"导火索"。静下心来想一想，是不是这样一个道理呢？

让友情保鲜，请保持好这样"两种距离"

在朋友关系处理中，高情商的人，说话做事，总能恰到好处，让人倍感舒心。他们在需要沉默的时候，能够做到"三缄其口"，绝不会多说半句话；他们在朋友需要被安慰的时候，也总能心热如火，第一时间陪伴在朋友的身边。

这样的人，言行举止适时适度，温润如玉，如何不让人生出和他们亲近的心思呢？但也有这样一种人，总是爱去打扰他人，话语唠叨不说，还事事横加干涉，让人心烦意乱。

因此，友情如何久处不厌，永葆新鲜，请记住保持这样"两种距离"。

一、不去要求对方做不愿做的事情

人们总希望友情能够保持亲密无间的"零距离"，实际上，这只是一种理想中的状态，在现实生活中，和朋友相处，要懂得和对方保持一定的社交距离，这种分寸感非常重要。

然而，我们常常看到的是，生活中有人自以为是对方的好朋友，仗着这种身份，他们往往会强人所难，打着为朋友着想的旗号，逼迫朋友做不愿意做的事情，充满控制欲。

要知道没有人喜欢被束缚、被强制、被管教。也许一次两次朋友还可以忍受，次数多了，一旦让对方生出厌恶的心理，将会深深影响到双方的关系。

二、不去当众宣扬朋友刻意回避的隐私

什么是真正的好朋友呢？真正意义上的好朋友，宁愿自己受委屈，也不会让朋友在社交场合出丑。

所以，那些喜欢去窥探朋友隐私，并以此在众人面前炫耀的人，最令人心生反感。既然是隐私，自然不愿被人知道，我们应当懂得为

朋友留有余地，留点颜面给朋友，千万不能口无遮拦。如果非要故意让朋友当众难堪，相信这份友情也就到此结束了。

有这样一句话说得非常好："知人不必言尽，言尽则无友。"和朋友相处，把话都说尽了，也就没有朋友了。

出言有尺，待人有度。人与人相处，距离太远了，关系就慢慢淡化了；距离太近了，恩恩怨怨就来了。最佳的相处法则，就是在保持相对自由的私人空间下，让彼此都能感受到对方的温暖。

尊重朋友的隐私

莫要"打破砂锅问到底"

你身边是否有这样的人存在：他们以好朋友自居，仗着"好朋友"这种身份，他们似乎拥有了一种可以随意窥探朋友隐私的权力，认为既然是好朋友，那么对方在自己面前必须毫无保留，否则便是"不够朋友"。

正因如此，和朋友相处，他们事事非要"打破砂锅问到底"，好奇心特别重。显然，抱有这种想法的人，无疑是一种极其幼稚的体现，在社交活动中，他们是真正缺乏高情商的人。

之所以说这些人缺乏高情商，其中的原因不难理解。要知道每个人的心目中都有自己的"隐私空间"。在这一小小天地中，除了主人自己，其他人无论是任何关系，都不会被允许进入。

因此，和朋友相处，对方愿意和你讲的，自然会拿出来和你分享；对方不愿意讲的，千万不要不懂丝毫的人情世故，非要唠唠叨叨问个不休，那样做，无疑是自取其辱。

小吴的公司，最近入职了一名新同事。这名同事看起来是个热心肠，逢人"自来熟"，上来就套近乎，无论和谁相处，即使是初次见面，也像是多年未见的好朋友一般。

可是慢慢地，公司的员工都刻意躲着这名同事。经过观察，小吴发现，这名新同事好奇心太强烈了，每天最大的爱好，就是四处打探别人的隐私。结婚了没有？养育了几个孩子？孩子的学习成绩怎么样？为什么不愿和父母住在一起？

类似的凡是涉及个人隐私的情况，这名同事都爱多方打探。如果当事人不说也没关系，她会从其他同事的口中"套话"，非要弄个明白才死心。

小吴自此才恍然大悟，为何当初这名同事对自己那么热情，嘘寒问暖，家里家外的情况问个不停。小吴向来大大咧咧，一开始没有往心里去，此时他从同事们厌恶的眼光里才发现端倪。

更令人生气的是，一旦掌握了他人的隐私，这名同事便会寻找机会，添油加醋地当着其他人的面四处宣扬。有一次，当她正说着办公室一位姑娘恋爱多次、感情上伤痕累累的隐私时，恰巧被对方撞见。这位姑娘性格泼辣，上前就是一顿奚落，毫不留情，让那名新同事无地自容。

不久后，自感人缘极差、不受大家欢迎的她，自动离职而去。在她离职的那一天，小吴从所有同事的脸上看到了一种久违的、轻松愉快的神情。

案例中小吴的新同事，不懂得尊重他人的隐私，将别人刻意藏起来的故事当作她茶余饭后的谈资，这样的行为又如何能不引起众怒呢？

守口如瓶，是对朋友最大的尊重

罗曼·罗兰曾说："在每个人的内心深处，都有一座埋藏过往隐私记忆的小岛，永远不会向人打开。"

事实也正是如此。生活中的每一个人，在他们的内心深处，都有这样或那样的隐私，从不愿当众提及，只愿一个人悄悄私藏在心田的深处。既然如此，我们何苦非要苦苦追问，让彼此难堪呢？

也许你在不经意间获得了朋友的隐私，这时又该如何处理呢？低情商或者是心怀叵测的人，一旦获知了朋友的隐私，便犹如获得了一座"财富宝藏"一般，他们要么像大喇叭一样，当众宣扬，显摆自己；要么以此为把柄，暗地里要挟朋友，以达到自己不可告人的目的。

无论是哪一种行为，都让卑劣的素质暴露无遗。当你肆无忌惮、唾液横飞地消费着他人的隐私时，殊不知，你说得越多，离开你的人就越多，身边的朋友也就会越来越少。

真正高情商的人，在朋友的隐私面前，常能做到守口如瓶。你要知道，你应该有为朋友守护隐私的自觉性，除非你想要失去身边的朋友，否则请你将从朋友处获得的隐私永远"咽在肚子里"。

不言人难，不戳人短，不问人私。千万别因自己逞一时口舌之快，而活成大家都讨厌的样子。

守住秘密，不辜负朋友的信任

不可任意泄密

提及秘密，相信很多人都会发出会意的笑容。秘密，是人们再熟悉不过的东西了。试问，谁的身上没有一些大大小小的秘密呢？

举例来说，买了一注彩票，谁知道竟然中了一个不小的奖；这个月业绩突出，私下得到了领导的红包奖励；同事眼中快乐活泼的自己，却来自一个不幸的单亲家庭。凡此种种，秘密，在每一个身上都多多少少地存在。

在这些秘密当中，有些属于小秘密，无关紧要，愿意拿出来和朋友分享也可以；有些秘密则不然，事关重大，轻易不能被泄露。

但无论是何种秘密，不管朋友愿不愿意拿出来公之于众，我们都有为对方保密的义务。懂得守护秘密，于人于己都有利无害。

晓东年轻有为，做事有想法，有主张，因此在工作了一年之后，深受公司老总的青睐。为此有一次老总特意将晓东找来，对他大加表扬，并私下里告诉他，一有机会，将提拔他为部门经理。

受到如此重用，晓东自然也是喜出望外。兴奋的他，一时忍不住，将这个秘密告诉了好友肖鹏，并一再交代让肖鹏严守秘密。

一开始，肖鹏还能为晓东严守秘密。时间长了，他也就慢慢放下了警惕的心理。有一次同事聚餐，晓东有事提前离场，大家都对晓东赞不绝口，此时肖鹏实在按捺不住，当众将老总许诺给晓东升职的事情说了出来。

很快，晓东将要获得重用的消息在全公司不胫而走。晓东所在的部门经理听了这样的消息之后，心里面自然很不爽。而公司的老总，在获知消息后，认为是晓东主动说出来的，也对他这种张扬的个性深感不满。而晓东自己，每天被同事恭维，也是各种不自在。

哪知到了年底，单位中层调整，晓东提升部门经理的事情意外泡汤了。一时间，晓东成了大家口中的笑料。晓东自然懊恼不已，责怪肖鹏过早地四处散布消息，现在让自己丢了面子，一气之下疏远了肖鹏，不再将他当作好朋友看待了。

肖鹏的泄密，让晓东当众出丑，两人关系就此恶化，这一后果，肖鹏自然有很大的责任。不过这也仅仅只是晓东升不升职的问题，有时候，有些秘密事关重大，守不住秘密，反而会给自己带来祸患。

乾隆皇帝晚年时终于下定立储的决心，在慎重考虑后，他选立了皇子颙琰作为大清的接班人，也就是日后的嘉庆帝。

清代从康熙之后，大多都是秘密立储，外人轻易不能得知。乾隆选中了颙琰，这个事关国本的大秘密，也只有和珅等心腹重臣知道。

和珅在得知这个大秘密之后，又是如何表现的呢？他为了巴结嘉庆，早早准备了一柄玉如意，献给了嘉庆。玉如意寓意深刻，意味着嘉庆身上有了大喜事，聪明人一看便知。

和珅原以为以这样的方式，必能赢得嘉庆的欢心，谁知却是搬起石头砸了自己的脚。嘉庆本就对和珅不满，得知和珅故意泄密讨好他，更是恼怒万分，由此暗暗下定决心，当他能够乾纲独断时，一定要除掉这个见风使舵、贪腐不法的佞臣。

故事中的和珅，在重大秘密面前，不能守口如瓶，因此招来杀身之祸，这真是应了"祸从口出"这句古话。

守住秘密，守护友谊

能否守住朋友的秘密，是一个人思想是否成熟的重要标志。对于大多数人来说，获知了他人的秘密，都会有说出去的冲动。而且他们也想当然地认为，将秘密告诉给外人时，只要让对方保密就行。显然，这种想法极其幼稚可笑，一旦泄露了他人的秘密，事不关己的局外人，绝不会将秘密守护下去，他们的"大嘴巴""高喇叭"会将秘密宣扬到众人皆知的地步。

而只有那些高情商、思想成熟的人，在理智的情感克制下，懂得任何时候都要将朋友的秘密藏在自己的心底。因为他们明白，守护了秘密，其实也就是守护住了和朋友之间的友谊，才能更赢得朋友的信任。

也许有人担心自己藏不住秘密，一旦朋友想要和自己分享秘密时，又该如何去应对呢？遇到这种情况，第一个反应，就是对朋友实言相告：我是个心里藏不住事的人，如果秘密比较重要，请你不要拿出来和我分享。简简单单三个字：我不听。

假如朋友耐不住兴奋，或心中苦闷，太想倾诉，我们"被迫"听到了他的一些秘密，那么请记住，每当内心松动，想要将朋友的秘密告诉他人时，要暗暗告诫自己，再冷静30秒，三思再三思。相信经过自我克制后，理性自然能战胜冲动，将冲到嘴边的秘密重新咽回去。

第 八 章

看懂领导和同事，
在职场中如鱼得水

人们常说职场如"战场"，处理好职场中的人际关系，个人才能在职业发展上一路顺风顺水，高歌猛进。高情商的人，在职场中总能非常融洽地和领导、同事和睦相处，他们在职场中游刃有余，懂得谦和内敛的道理，能够营造出上下和谐奋进的氛围，助力自我人生的成长。

居功自傲不可取

为何居功自傲是职场大忌

观察职场中的众生百态，在我们的身边，不乏这样的员工，他们一旦为公司做了一点贡献，便开始飘飘然起来，不尊重上级，看不起同事，脸上写满了"我最大"的表情，尾巴恨不得翘到天上去。

一旦有人指责他过于招摇，有点功劳就沾沾自喜，他们便会反唇相讥："没有我，公司能发展到今天这个地步吗？我在为公司拼搏的时候，你估计还没从学校毕业吧！咱们公司有资格对我指手画脚的人，还真没几个！"

因为对单位有贡献，这些人才敢如此"自信"；自觉精通业务或技术，领导离了他玩不转，因此也才敢居功自傲、恃才傲物。殊不知，职场中，这种行为是大忌。

秦末乱世，楚汉相争时，韩信投靠刘邦，在刘邦手下，他的才能得到了充分的施展，为大汉帝国的建立立下了赫赫战功。

韩信有了功劳之后，便开始和刘邦提要求、谈条件，他自认为有底气让刘邦让步，不给封赏就"罢工"。

最过分的一次，当他攻下齐地时，让刘邦同意他做齐王，摆明了要和领导平起平坐，而且是主动索要，没有半点谦虚。

诚然，韩信通过要挟，如愿以偿地得到了齐王的封号，但从此以后，刘邦对其恨之入骨，最终也让韩信付出了生命的代价。

大名鼎鼎的年羹尧，不也是如此吗？他在雍正初年平定了叛乱，有力地稳固了雍正的皇位，可谓是居功至伟。

凭借这一点，年羹尧飞扬跋扈，目中无人，不仅擅杀大臣，发展到最后，连皇帝的面子也不给，他嚣张的气焰，又怎能不令雍正动杀机呢？

历史是一面镜子。其实不只是在古代的"官场"，居功自傲是大忌，在现代社会，以对公司功劳大而自居，和领导提要求、谈条件，动不动就"狮子大开口"，这些人迟早也会卷铺盖走人。

为什么领导不能容忍居功自傲的下属呢？原因不外乎这几个方面。

一个原因是一旦下属居功自傲起来，非分的要求便层出不穷，一两次妥协还可以接受，但欲望是个无底洞，超越了领导底线的要求，自会激怒领导，当领导无法忍受时就会快刀斩乱麻，和这些下属早做了断。

另一个原因是公司是一个统一的整体，个人功劳再大，也不能凌驾于公司所有员工之上。非要突出个人成就，若得不到满足就肆意阻挠公司工作的进程，故意和所有员工作对，这种行为犯了众怒，迎接他们的必将是被淘汰的命运，不要去责怪为什么领导非要"挥泪斩马谡"了。

有了居功自傲的心态怎么办

职场中，如果我们才能突出、业绩优秀，确实为公司做出了很大的贡献，此时自己有一点点傲娇的心态不可怕，提一些合理的利益诉求也无可厚非。毕竟在竞争法则下，能者上，庸者下，多劳就要多得，这也是现代企业管理制度的核心点之一。

但问题在于，些许的傲娇的心态，一定不能发展到居功自傲、狂妄自大的地步，处处摆谱，在领导面前也颐指气使，自然不会有什么好下场。任何时候，都应懂得适可而止的道理。

那么，如何做到时时警醒，远离这种居功自傲的心态呢？

一、要有清醒认知，平台离了谁都能玩得转

一些有能力的员工，为公司做出一些成绩后，心态就迅速膨胀起来，认为自己才是公司最大的功臣，没有他，公司就运转不下去了。

显然，这种心态是太高看自己了，放眼周围，优秀的人才比比皆是，少了你一个，或许会有影响，但影响非常有限，而且也只是暂时的。

电视剧《乔家大院》中，掌柜孙茂才曾是乔致庸的左膀右臂，为乔家的兴盛做出了很大的贡献。渐渐地，孙茂才变得自以为是起来，认为没有他就不会有乔家的辉煌，在这种心态驱使下，最终和乔致庸闹僵，负气出走。

但孙茂才后来怎样了呢？离开了乔家，他四处碰壁，屡屡遭受挫折和打击，直到此时，他才明白，不是他成就了乔家，实则是他借助了乔家这个平台，成就了自己。不过他醒悟得太晚了，没有了重来的机会。

二、不断提升个人修养，摆正自我位置

职场中，那些自命不凡、居功自傲的人，大多是自我修养不够，有点成绩就张狂，这种行为实不可取。

三国时期，诸葛亮对蜀汉的建立，立下了汗马功劳，他完全有自傲的资本，然而他丝毫没有这种恶劣的不良习气，时时注意摆正自己的位置，始终兢兢业业，鞠躬尽瘁。

所以，在日常工作中，我们应加强自我品行的修养，懂得摆正自身在公司的位置，只有谦虚再谦虚，才能在职场中行稳致远。

不要和上司抢功劳

和上司抢功劳，赢了也是"输"

职场中，上下级之间，是一个领导和被领导的关系，如何处理好和上司的关系，能否得到领导的赏识与重用，极大地影响着我们在职场的发展与进步。

高情商的人，总能在上下级之间构建出一种相互成就的和谐关系。他们既能有效维护领导的权威地位，又能让领导看到自己在工作中的辛勤付出，轻松获得领导信任的他们，总能获得更多升职加薪的机会，让同事羡慕万分。

反过来，低情商的人，却总是把上下级关系搞得一团糟，每做一件工作，都爱去和领导抢功劳，认为属于自己的利益必须要争取，否则就是一个忍气吞声的"怂包"。

自然，和上司抢功劳的后果，就是使得自己站在了领导的对立面，双方的关系势同水火，难以调和。因为领导始终占据着天然的优势地位，双方争斗到最后，最终受伤的还是自己。

也许有人会提出不同意见：为什么不和上司抢功劳？明明我付出了那么多，反而让领导将荣誉、光环都拿走，这不公平。所以，只要我做出了成绩，就要去争一争。

显然，抱有这种观点的人，思维的出发点一开始就是错误和偏激的。我们需要清楚认识的是，上司是什么？上司的首要角色，是一位领导者，你所做的一切，都是在他的领导下完成的，并非你单打独斗干出来的，其中的协调、决策、配合，离不开领导居中运筹帷幄，否则你也很难专心致志开展工作，更别说在自身的岗位上做出一番成绩了。

更直白地说，在职场中，领导掌控着全局，而你自己，只是负责局部。换句话说，在一个项目中，从计划、执行、完成、检查评估直到最后的收尾，你只是其中的一环，其他大量的统筹工作，是领导完成的，明白了这一点，你还觉得自己应该和上司抢着争功吗？

需要明白，聪明的职场人，从不会和上司抢功，因为他们明白，个人任何成就的取得，都离不开领导的支持和配合，和领导抢功，有时候看似"赢了"，但因为缺乏大局观和博大的胸怀，堵死了自我职场的发展路径，从长远看，实质上却已经输了。

成就领导，也就是成就自己

职场中，任何有能力的员工，都要谨记一条准则：切忌"角色越位"。所谓角色越位，是指以下犯上，将个人凌驾于领导之上，处处标榜自我，抢功争功，这样做，会堵死自己的职场发展之路。最佳的处理法则，就是牢牢遵守上级领导下级的职场规则，维护上司的领导地位，成就了领导，自然也无形中成就了自己。

清朝晚期，太平天国运动风起云涌之时，胡林翼曾担任湖北巡抚的职位，湖广总督则是官文，两人之间是上下级的关系。

一开始，胡林翼和官文很不对付，两人谁也看不惯谁，相互写奏折在咸丰帝跟前告状，彼此争功，都有将对方拉下马的心思。

但渐渐地，胡林翼察觉到不能这样做了。因为不管怎样，官文是他的顶头上司，一切军政事务，如果官文从中作梗，他很难放手而为，想要建立不世之功，更是难如登天。既然参不倒官文，为何不换一种方式，处理好上下级的关系呢？

想通了这一点，胡林翼一改先前的做法，每次作战取得成绩，他都恭恭敬敬将官文的名字写在前面。官文也很快从中感知到了胡林翼释放的善意，两人自此心照不宣地冰释前嫌。

不用费力费心就有功劳可占，后来官文也索性放手，将湖北军政事务全权委托给胡林翼处理，才能卓著的胡林翼，有了官文的配合，更是如鱼得水，成为晚清时期咸丰帝最为倚重的中流砥柱之一。

从胡林翼的做法中不难看出，和上司相处，不妨让一让，退一退，成就了领导，有了他们的倾心支持，我们的职场发展更能海阔天空。

切忌在公众场合让领导难堪

让领导当众难堪的"雷区"不要踩

职场中，一些一直郁郁不得志的人，总会自怨自艾："空有一身本领，却处处碰壁，没有一个好的领导能够赏识我，只能让那些无能之辈步步高升了。"

为什么得不到重用？又为何处处碰壁呢？要知道真正有才华的人，到哪里都可以光芒四射，在一个地方碰壁说得过去，处处碰壁，就有些说不过去了，原因究竟出在谁的身上呢？

分析里面的原因不难发现，职场中有一些员工，或恃才傲物，或是缺乏"眼力见儿"，常常和领导作对，让他们当众难堪，不给领导台阶下。如此一旦成为领导眼中的"刺头"，升职加薪自然无望了。

磊磊毕业于名牌大学，学历高，专业对口，进入单位后，一开始都被大家看好，认为像他这样的年轻人，假以时日，一定前途无量。

磊磊对自己也非常自信，单位上下，无论从哪个方面看，他的条件都最为优越，心气高的磊磊，也暗暗下定决心，非要干出一个样子给同事们看。

在同事眼中，论工作能力，磊磊确实无可挑剔。不过他有一个让人不喜欢的地方，同事一旦工作上出了纰漏，他就毫不留情地当众数落对方一顿："你怎么那么笨呢？这点问题就难住你了？开动开动脑筋好不好？"

磊磊的语气生硬，话语非常冲，不过看在是同事的份上，大家忍忍也就过去了。哪知磊磊习惯这种随意指责他人的方式后，在领导那里，他也常常如此，在公众场合，从不给领导面子。

有一次上级单位来检查工作。领导带着磊磊等几个同事出面接待，在汇报工作时，领导不小心说错了几个数据。磊磊毫不客气地打断领导的话语，当众指出领导的错误。

当着上级单位检查组的面，磊磊的行为让领导难堪极了。为避免尴尬，领导试图回避这个问题，磊磊却揪住不放，说对待工作就必须拿出认真的态度，尤其在检查评比环节，绝不能含糊。

检查组走后，领导对磊磊厌恶透了。在他看来，磊磊这样做绝对是故意的，一方面是让自己当众出丑；另一方面是为了出风头，在上级面前留下好印象。自此，磊磊算是彻底地得罪了这名领导，很快他被调离核心部门，成为单位的"边缘人"。

磊磊的故事告诉我们，在职场中，不论是你不谙世事、生性鲁莽，还是恃才傲物、显摆自己，都不能踩了让领导当众难堪的"雷区"，动不动就说"领导你错了""你这样不对"等话语，那样做，一旦在领导心目中留下不好的印象，就只能坐上单位的"冷板凳"了。

如何有效避免让领导难堪

不让领导当众难堪，首先是应懂得换位思考的道理，绝不去做自作聪明的蠢事。以我们自己为例，如果在生活中动不动就被别人"挑刺"，是不是心里面也非常不舒服呢？因此，绝不能口无遮拦，不给领导面子，有时太过自作聪明，无疑会惹祸上身。

三国时期的杨修，何尝不是这样的一个反面例子呢？曹操疑心重，睡觉时不让身边的人随意靠近，一名侍者看到曹操身上的被子掉了，出于好心给曹操盖上，谁知被曹操提刀杀死。事后曹操说自己有梦游之症，为自己开脱。

杨修却不给曹操面子，直言不讳地当众说，曹公并非梦中杀人，他清醒着呢，那名被杀死的侍者，才是死于梦中啊，稀里糊涂丢了性命。

一层纸被杨修挑破，曹操自然恼怒万分。不久后在他率军攻打汉中时，战事不利，为撤军的事情伤透了脑筋的曹操，随口将晚上的口令定为"鸡肋"，杨修又卖弄才华，说曹操这是想要准备开溜了。曹操闻言，新仇旧恨一起算，以扰乱军心为借口，将杨修处死。

杨修聪明不聪明呢？太聪明了！这么聪明的他，却不知道维护曹操的权威地位，处处让曹操难堪，他不死谁死呢？

不让领导当众出丑，其次是要改变表达方式，以能够让领导接受的口气说话，杜绝直来直去地"挑刺"。

比如领导出了错，可不动声色地委婉提醒，照顾了领导的面子，维护了领导的尊严，如此自然能在职场中如鱼得水，得到更好的发展。

清楚自己的位置，不要锋芒太露

别因锋芒太露害了自己

职场中，有两种人的处境非常艰难。一种是百无一用的人。这一类人，本身没有什么才华，也没有什么闪光点，平平庸庸，一无是处，做什么都做不好。

这些才能平庸的人，自然被同事视作"透明人"，境况好一点的，还能在单位将就着混下去；境况差一点的，则处处遭受同事的排挤，每日里活在大家的嘲讽和奚落中，滋味非常难受。

另一种人却正好相反。他们拥有出色的工作能力，才能极其突出，然而时时处处争强好胜的他们，在单位里锋芒太盛，无形中得罪了一大批同事。渐渐地，失去了好人缘的他们，也会被同事们联合起来"孤立"，孤掌难鸣的他们，也就很难再在单位立足了。

康熙初年的鳌拜，在影视剧里，一向以反面人物的形象示人。但从鳌拜的生平来看，从忠诚度上讲，鳌拜对清朝皇室绝无二心。

问题是，这样一个忠诚的人，一心一意拥护大清帝国的"铁杆粉丝"，又为何让康熙恨之入骨，非要除之而后快呢？

其中的原因，一方面就在于鳌拜在大清朝廷锋芒太露，他依仗自身的赫赫战功和出色的政务处理能力，威压索尼，杀掉苏克萨哈，压服遏必隆，当初顺治托孤的四位辅政大臣，到了最后，只有他鳌拜一人说了算。

另一方面，鳌拜不懂得摆正自己的位置，康熙年龄小，他借助辅政大臣的身份处理政务，倒也说得过去；等到康熙大婚开始亲政后，贪恋权位、藐视皇权的他，继续不把皇帝放在眼里，依旧嚣张跋扈，这种行为，无疑是自掘坟墓的做法，将自己的退路给彻底堵死了。

但反观康熙年间的另一位大臣张廷玉，他高中进士之后，从康熙朝开始担任重要职位，一直历经雍正、乾隆三个朝代，都一直备受宠信，圣眷不衰，成为大清历史上罕见的"常青树"，其中的原因在什么地方呢？

原来张廷玉的一生，一直信奉着"万言万当，不如一默"的处世哲学。不管自己多么受皇帝的喜爱，也不论官职再高，他始终谦虚做人，收敛锋芒，从不会恃才傲物，更不会恃宠而骄，善于隐藏自身锋芒的他，也赢得了同僚的敬重，成为历经三朝的国之柱石。

鳌拜和张廷玉两种不同人生结局的对比告诉我们，在职场中，始终要告诉自己，要善于隐藏自身的锋芒，不然一旦成为众矢之的，接下来的日子就会很难过了。

不当"出头鸟"，懂得适当藏拙

职场中的人际关系非常复杂，我们和同事之间，既是合作关系，又是竞争关系。锋芒太盛，会挤掉和同事合作的空间，只剩下针锋相对的恶性竞争。

另外需要注意的是，身处职场，也不要拎不清自身的位置，还未在单位扎下根，就想扶摇直上，以领导自居，那样也会被人嫉恨万分。那么，如何做才能避免这种局面出现呢？

老子在《道德经》中说："持而盈之，不如其已；揣而锐之，不可长保。"老子在这里告诉世人，天地间的任何事物，如果太过盈满，那么就要赶快调整状态，适可而止最好；将铁器磨成锋利的刃，刀刃虽然锋芒，但也很难长久地保持这种锋利性。

同样，三国时期的李康，在自己的著作《运命论》中，写过这样的一句话："木秀于林，风必摧之；堆出于岸，流必湍之；行高于人，众必非之。"

这段话的意思是说，一棵树，如果比周围的树都要高大，就会遭受风雨的摧残；岸边的土堆，如果比其他的土堆都要高，那么流水便会以它为重点的冲击对象；同样，从大自然回到人类身上，一个人太过优秀的话，也必然会招致身边人的诋毁和攻击。

分析老子和李康两人话语中的中心意思，有一个共同点，那就是做人不要抢着当"出头鸟"，要懂得适当藏拙，收敛自身的锋芒，这才是职场生存最好的状态。

当然，需要我们明白的是，藏拙的前提是"适当"。不是一说藏拙，就将自身的才能全部隐藏起来，碌碌无为一辈子。如果那样去做，显然又是从锋芒太盛，走到自甘消极的另一个极端了。记住，展示自身的才华，显露自身的能力，只要不过分即可。

将你的荣誉与同事分享

荣誉是大家的，不要一个人独享

工作中，如何和同事和谐相处，是一门大学问。以荣誉的获得和分享为例，一些员工由于拥有出色的工作能力，或者在规定的期限内完成了一件无比艰巨的任务，获得了公司领导的奖励，面对突如其来的荣誉，他们该如何处理呢？

高情商的员工，一旦有了荣誉，他们绝不会独享，而是在第一时间拿出来和同事分享，让大家一起分享快乐和喜悦。如果是物质奖励，也力所能及地拿出一部分收益，请同事们一起消遣唱歌，放松心情，以此让融洽的同事关系长久地保持下去。

问题来了，那些高情商的员工，为什么要和同事一起分享荣誉呢？明明自己出了大力气，拼得一身汗水后才千辛万苦地换回来的荣誉，何必让他人也从中分取一杯羹呢？

　　具体来分析，有这样两个原因。首先，我们需要明白的是，在现代社会中，置身职场之内，任何一项荣誉的取得，很少是个人独自拼搏的结果。大多数时候，都是在团队合作过程中，在同事们的倾力配合和支持下，才取得了成功，因此有必要和大家分享。

　　其次，不知道我们是否想过，从自己获得荣誉开始的那一刻，在无形之中，我们就已经悄然站到了同事的对立面。毕竟人人都有嫉妒心理，尤其是同事关系中，存在着很大的竞争关系，我们获得了荣誉，就意味着其他人失去了这份荣誉，这样一来，谁会不吃醋呢？

　　所以，正确的做法是将荣誉和同事一起分享，在欢声笑语中化解掉同事们内心深处的这种敌意，为以后工作的顺利开展铺垫良好的情感基础。

　　琳琳在公司中，以能力出众而著称，一度是领导眼中公司副总的热门人选。对她非常欣赏的公司老总在调离前，特意郑重地向上级单位推荐了琳琳，希望她能接任副总的职位。

　　上级单位也极其重视，在工作业绩上，琳琳无可挑剔，但她的群众基础如何呢？在正式任命之前，上级单位派人来下面调查，进行民意测验。谁知当调查人员说出琳琳的名字，征求大家的意见时，琳琳的这些同事们，都是一脸轻蔑的样子，有些人还直接对调查人员实言相告：上级如果提拔琳琳，他们不会同意的，因为琳琳这个人为人实在是抠门、自私、不合群，性情还非常孤傲。

　　一番调查下来，由于群众基础太差，这次对琳琳的任命只好搁浅了。琳琳为何没有一个好人缘呢？

　　原来在往日的工作中，琳琳业绩出众，当然也少不了各种荣誉奖励。然而，每次同事们想要和琳琳共同分享这份获奖后的喜悦时，琳琳却高傲地不予理睬，在她看来，功劳是她自己一个人的，和这些同事完全不相干，为什么要和大家一起分享自己的喜悦呢？

久而久之，琳琳将同事全部得罪完了，这样一来，在同事中间，她自然不会有什么好口碑了。

荣誉不能一人独享，独享的后果是众叛亲离，成为"孤家寡人"一个。正如故事中的琳琳那样，因小失大，才是最为愚蠢的一种做法。

分享荣誉，也有技巧在内

懂得和同事分享荣誉，是明智之举，是高情商的象征。但在另一方面，在分享时，还要有一定的技巧。

一、和同事分享荣誉，感谢要真诚

荣誉的取得，是大家的功劳，是众人合力的结果，我们只是在其中占据了一个大份而已。所以一旦获得了荣誉，要真诚地感谢大家，千万不能敷衍了事，嘴上随意说说。态度不真诚，缺乏谦卑的姿态，依旧一副高高在上的高傲模样，没有效果不说，依然会引起众人的嫉恨和仇视。

二、分享荣誉，不要口惠而实不至

无论是获得物质上的奖励，还是获得了精神上的奖励，如果有条件，可以自掏腰包，请同事们吃顿饭。

原因很简单，任何时候，实惠是第一位。光是嘴上说着感谢，却不愿付出实际行动，同事们自然感觉不到你的真诚。所以，既要"口惠"，还要"实至"。

西汉初年，大将卫青率兵征战匈奴，每次获胜，只要皇帝有奖励，不管金银珠宝，卫青一分不要，全部拿出来分给部下，人人感激涕零，作战时个个奋勇争先，有了众人的支持，才成就了卫青千古名将的地位。从他的身上，我们是否悟出了如何和同事分享荣誉的道理了呢？

不传谣言，远离是非八卦

谨防"祸从口出"

身处职场，仔细观察，身边总是会出现这种现象：一大早，当我们刚刚踏入公司大门，迎面遇到一位同事，他神秘兮兮地将我们拉到一边，左顾右盼之后，刻意压低声音说："你知道不知道？咱们公司的老总马上就要调离了，说是出了什么问题。别不信，我的消息无比可靠，上午公司会召开全体大会，就是专门为了宣布这个消息而召开的。"

或者是我们刚在工位上坐好，一位同事假装去接水，路过我们身边时，会附耳低语说道："告诉你一个震惊的消息，咱们办公室的小王，今天估计会被经理开除。"

当我们询问对方怎么知道的，他们也常故作神秘地回答说："这个你就别管了，反正我是掌握了第一手消息，单位的大小事情，就别想逃过我的手掌心。"

更有甚者，有时候连单位从事卫生清洁的阿姨，也会散播各种据说非常靠谱的小道消息，说她散播谣言，对方会信誓旦旦发誓，绝对千真万确，不信等着瞧。

可以说，只要在工作场合，就避免不了这种现象的存在。这些"消息灵通"的人士，也常以单位的"千里眼"和"顺风耳"自居，只要一有机会，他们就会散布各种道听途说、真真假假的小道消息，让人哭笑不得。

然而，对于大多数职场人士来说，他们也爱听这些所谓的"内幕消息"和"八卦"。在这些人看来，消息真假先不说，至少是茶余饭后的谈资；如果事实为真，那么也因为占了提前获知"内幕消息"的便利，早一步做出应对策略。正因如此，满天飞的"八卦"和"谣言"，才在职场中大行其道，处处有它存在的市场。

虽然我们不可避免地听到各种小道消息，但需要自我谨记的是，听到了也就算了，切不可成为这些谣言和八卦的"再传播者"，以免祸从口出，得不偿失。

慧慧就是这样一个爱传播职场小道消息的人。令人奇怪的是，每天她总是不知道从哪里弄来的各种八卦，然后对身边的同事大讲特讲，乐此不疲，一天没有消息传播，她就坐卧不宁，好似失了魂一般。

有一次，在办公室内，她又讲起了部门经理的八卦。说经理昨天晚上不知道干了什么，惹妻子生气了，妻子一怒之下，将他的脸抓烂了，羞于见人的经理，一上午都待在自己的房间内不敢出来。

正当她讲得眉飞色舞的时候，经理拿着文件快步走了进来。由于大家正沉浸在慧慧精彩的描述之中，不知道经理已经站在了大家的身后，等到发觉时，经理脸色阴沉，一脸怒气走了出去。

没几天，慧慧便摊上了"倒霉事"，经理借口她工作失误，不但处罚了她，还将她调到仓库，其中的原委，大家自然心知肚明，都是爱传八卦的行为害了她。

远离八卦是非，从现在做起

职场中的八卦谣言，就像是夏日里的苍蝇蚊子一般，漫天飞舞，嗡嗡叫着，让人防不胜防。如果不想成为这些小道消息的传播者，远离八卦是非，我们应当如何应对呢？

一、告诉自己闭上嘴

如果身边有热爱传播小道消息的同事，我们又无法杜绝他的这种行为，那么最好的做法就是在听到这些是是非非的消息之后，从自己这里切断它的传播链，不能成为另一个"小喇叭"。

闭上嘴，是职场上的生存智慧，也是自我成熟的标志。正所谓"谣言止于智者"，传播链从我们这里断了，也就少了许多不必要的麻烦。

二、充耳不闻，沉下心，专注工作

对待职场中的谣言，闭上嘴是一个方面，还要力争做到充耳不闻。爱传播小道消息的人，之所以乐此不疲，是因为有听众，如果人人都厌恶听这些小道消息，传播者也就失去了传播的兴趣。

因此，对于我们厌恶的那些传播者，有时不妨直接挑明地说："你说的这些我从来不感兴趣，我手头还有大量工作要做，请别耽误我的工作，谢谢配合！"

我们不卑不亢的态度，自然会让对方知难而退。耳根清静了，接下来专注工作，以实力来赢得上司的认可，是最为明智的做法。

第 九 章

抓住客户心理，寻求长期稳定的合作关系

　　和客户长期稳定合作，离不开对客户心理的分析，一定要明白客户需要什么，想要得到什么，然后用真诚的态度，诚信的品行去打动客户，征服客户，才能赢得对方的信任。在这样的一个基础上，让客户树立对我们的依赖心理，达成牢固的合作态势，利益互补，互惠共赢。

以客户为中心

究竟什么才是"以客户为中心"

生意场上，人们讨论最多的话语，就是"以客户为中心"这句话了。毕竟，在现代的商业社会，唯有紧紧抓住优质客户，才能在激烈的市场竞争中站稳脚跟。任何时候，以客户为中心都没有错，这也是商业时代最为基本的要求。

那么，究竟什么才是"以客户为中心"呢？想必有相当一部分人，还未真正体会到这句话的实质内涵，只是人云亦云而已。在他们还不太清晰的认知中，会简单地认为："客户虐我千百遍，我待客户如初恋。"做到了"打不还手，骂不还口"，待客户如上宾，就是做到了"以客户为中心"这个要求了。

实际上，这种认识是不全面的，或者说，是对"以客户为中心"这句话的误解，犯了本末倒置的错误，没有抓到要害。

行文至此，有人自然会焦急地问：究竟什么才是真正的"以客户为中心"呢？这是我们想急切了解的事情。

当我们的利益和客户的利益之间发生了较大的冲突之后，我们是选择站在自己一边，还是选择站在客户一边？进一步说，有没有壮士断腕的决心，能够牺牲自己的一部分利益来满足客户的需求呢？如果选择站在客户一边，敢于牺牲一定的利益去满足客户，这才是真正的以客户为中心的做法。

举一个简单的例子，一件商品，最初你卖给客户五元；合作了一段时间之后，又有一位商家跳了出来，在质量同等的条件下，卖给客户四元。这个时候，你让客户怎么选择？你又该如何去积极应对呢？

也许你会打出"感情牌"，当着客户的面大倒苦水："这年头做生意太难了，利润微薄，你看我们合作都这么长时间了，平时我的为人你也知道，请多考虑考虑，我们继续真诚合作。"

打"感情牌"，是以客户为中心的做法吗？当然不是。因为我们刻意回避了客户的利益诉求，此时的他们，最关心的是以更便宜的价格拿到产品，其余都是空谈，毕竟商品售价相差一元钱，如果量大的话，那可是实实在在的真金白银，换作谁都心疼。

所以，不去解决客户核心的利益诉求，不想着如何改进工艺，提升效率，将价格降下来，让客户享受到真真正正的实惠，那就别去奢谈什么"以客户为中心"的话题。

如果我们真的能够从客户的利益诉求出发，此时就会态度真诚地对客户说："我这里立即着手改进，力争做到让你对价格满意，到时你感觉我的人品和服务还不错，欢迎我们继续合作。"

这样一来，既体现了"以客户为中心"的真心，也悄然打出了感情牌，留住这名客户还是非常有希望的。

以客户为中心，需要做哪些工作

以客户为中心，就是以客户的利益诉求为中心，当我方的利益和客户的利益产生冲突时，依然能够以维护客户利益为第一，这才是真正做到了以客户为中心。

那么在具体工作上，围绕着"以客户为中心"这一核心点，我们还需做好哪些辅助工作呢？

一、服务至上，提供及时、准确、高效的优质服务

优质、高效的服务，是迈出"以客户为中心"行动的第一步。

好的服务，最能打动客户的心，也是维系和客户长久合作的重要基石之一。眼中只有利益，却把对客户应尽的服务义务丢失了，这种合作注定难以长久。

二、质量第一，以质量求生存

以客户为中心，就必须坚持产品质量为第一，这也是和客户长久合作的必要条件之一。

假如产品质量保证不了，谈情怀，谈真诚，谈合作，自然都成了无本之木、无源之水。一旦以客户为中心成了一句空话，疏忽质量管理工作，就很难在激烈的市场竞争中生存下去。

三、抓住客户的痛点，前瞻性地解决他们未来可能出现的问题

真正以客户为中心的企业，会让自己和客户一起发展壮大，带着

客户一起成长。

在日常的合作中，他们重视客户在产品使用过程中的种种问题，以客户的痛点为抓手，帮助客户分析下游市场的发展变化，前瞻性地提出问题、分析问题、解决问题。

显然，超前的思维，积极主动的服务精神，过硬的产品质量，三位一体，这才是真正做到了以客户为中心。

诚信是合作的基础

诚信是金

在现代社会中，诚信是社会道德规范体系的重要构成部分，也是人身上最为宝贵的品行之一。

一个讲诚信的人，他的身上散发着无穷的魅力，无论置身何处，都能赢得他人最大的信任。

反过来，一个缺乏诚信的人，将会被众人鄙视，很难在社会上立足。只有给予他人以诚信，他人才能回报你信任，这是一个相互促进、相互成就的正向关系。正如孔子所说："人而无信，不知其可也。大车无輗，小车无軏，其何以行之哉？"

孔子这句话的意思是说，一个不讲诚信的人，就好像是车子少了最关键的零件一样，注定很难走得长远。

因此说，一个人行走在天地之间，诚信是第一。

古时候，有两位年轻人于路上相识，便一起结伴进京赶考。他们一个叫范式，一个叫张勋。考试结束后，范式对张勋说："听说家里伯母年纪大了，我回家料理好事情后，明年今天，我一定会登门拜访。"

张勋回家后，对母亲说："我在路上结识了一位朋友，他和我约定好了日期，说一定过来向您问安。"

母亲听了他的话语之后，并没有放在心上。第二年，到了约定的日期，张勋早早起床，买酒杀鸡，准备饭菜，恭候范式的到来。

母亲看到儿子忙忙碌碌的样子，笑着说："我想你的朋友只是随口说说，两地相隔数千里，况且这都过去一年的时间了，谁还记得当初的约定呢？"

张勋却坚定地相信，范式一定会信守承诺，绝不会食言。果然，快到中午的时候，范式不远千里如约而来。张勋的母亲不敢相信自己的眼睛，激动地直夸范式是个讲信誉的年轻人。

范式和张勋的故事，就是历史上著名的典故"范张鸡黍"。两人的故事之所以流传千年，被人喜爱，正是人们从范式的身上，看到了"诚信是金"的宝贵品行。

无诚信，不合作

孟子说："诚者，天之道也；思诚者，人之道也。"

墨子也曾讲道："志不强者智不达，言不信者行不果。"

两位先哲话语中共同的核心点，都是对诚信的呼唤。诚信是金，无论在任何时候，拥有诚信的人，为人处世言出必行，待人接物真诚如一。他们身上这种耀眼的闪光点，如一块"金字招牌"一样，极具吸引力。

个人要讲究诚信，以诚信立身，那么作为企业或团队，又该如何看待诚信呢？

当今社会，在以社会大分工为前提的总趋势下，合作是企业或团队生存发展最为重要的模式之一。那么彼此之间合作的基础是什么呢？

显然，诚信是企业与企业之间、团队成员内部合作的基石。无论双方以任何形式开展合作，诚信在其中绝对不可缺少。

进一步说，诚信是信誉，诚信是一字千金的庄重承诺，诚信还是企业或团队最为光彩的"脸面"。只有诚信，才能让双方的合作关系长长久久，也只有诚信，才能将双方合作过程中产生的分歧和矛盾有效消除，在求同存异的基础上，为了共同的目标努力前进。

有一位商人，和一家大公司有了初步的业务合作。在最初的合作中，商人非常讲究诚信，按时发货，保证质量。

有一次，双方签订了合同之后，恰巧赶上原材料大幅上涨，按照双方商定的价格，商人这边的这一单买卖，恐怕会面临亏损。

即使如此，商人依旧安排工人加班加点，按时按量完成了大公司的订单，丝毫不提亏损的事情。慢慢地，讲诚信的商人，赢得了这家公司老总的好感，他决定加大和商人的合作力度。

不久后，这家公司的老总亲自来到商人的企业洽谈合作。老总带来了一个非常大的订单，给的价格也极其合理，不用细算，这一单下来，商人将会获得丰厚的回报。

在商谈中，老总其他不多说，只是提了一个附加条件：为确保万一，让商人寻找一家大的企业担保，保证按时交货。

显然，这名老总也有顾虑，这批订单量较大，商人的企业规模较小，如果资金周转出现问题，就会耽误交货时间，那样的话，老总所在的公司也就比较被动了，为安全起见，他才有了这样一个额外要求。

商人自然明白老总的意思，也理解他的苦衷。随后他多方联系，却一直找不到一家有规模、有实力，又肯为他担保的公司。

无奈之下，商人来到老总的办公室，坦诚相告：虽然自己很想做这笔订单，但按照您的要求，我未找到合适的担保公司，因此只能取消本次合作。

老总听了，思索了一下对商人说："一直以来，你都非常讲诚信，包括这次在内。有问题直言相告，不隐瞒，不欺诈，冲着你的诚信，这笔订单我给你了，放手去做，有困难来找我。"

后来这名商人的生意越做越大，成了远近闻名的大老板，和国内多个著名的大公司都有良好的合作。有人曾询问他获得成功的秘诀，商人只说了一句话："诚信立身，精诚合作，无往不胜。"

付出诚信，收获信任！明白了这个道理，和客户打交道，以什么为合作基础，相信大家自然也都清清楚楚了。

真诚相交才能赢得信任

以诚相交，成其久远

和客户之间的交往，核心是什么呢？或许人们会有各种各样的答案，如利益、共同的价值需求等。

上面所列举的这些，不过是影响客户相交一个很小的方面，真正和客户交往，最为关键的只有一个字：诚。

以诚相交，付出真诚，才能收获来自客户的高度信任；若虚伪自私，双方之间就只剩下猜忌和怀疑了。

儒家经典《中庸》里讲："诚之者，人之道也。"这句话的意思是说，诚，是做人的底线和原则，为人处世，首要讲一个"诚"字，人生的道路才更加宽广。

《庄子》一书中还进一步说："不精不诚，不能动人。"这句话进一步阐述了"诚"字在客户交往时所起到的重要作用。人生在世，贵在"诚"，始终以诚待人，只有将心比心，才能被真正接纳，赢得客户的高度信任。

有人否认"诚"在人际交往中的价值，他们不知道的是，一旦失去了"诚"，自然也就丢失了人性中最为美好的品行"真"。也许可以通过花言巧语蒙蔽客户一时，但狐狸的尾巴终究是藏不住的，所以和客户合作交往，必须以诚换诚，半点投机取巧都要不得。

有一只土狼，在草原上遇到了一只狗獾，缺少帮手的它，眼珠一转，假意套近乎说："我有锋利的牙齿，擅长奔跑；你有尖尖的爪子，擅长挖掘洞穴，咱们两个一起合作捕猎怎么样？抓到了猎物，对半分如何？"

狗獾听了之后很高兴，连连点头道："可以呀，多个帮手多好，我正愁没有一个好帮手呢！"

就这样，土狼和狗獾一起上路了，它们在草原上寻找草原鼠的洞穴。找到后，狗獾就上前用力挖掘，等到草原鼠无法继续躲藏在洞穴里时就会从洞穴里面冲出来逃命。这时，守在一边的土狼就会冲过去将想要逃跑的草原鼠捉住。

可是，土狼很狡猾，为了多占便宜，每捕捉几只草原鼠之后，它就趁着狗獾不注意，赶忙吃掉一只。就这样，忙碌了大半天的狗獾，坐下来准备和土狼分享猎物时，却发现草原鼠的数量很少。

"怎么回事？我明明记得挖了6个洞穴，赶出来16只草原鼠，怎么你才抓住7只呀？是不是你暗地里偷吃了？"狗獾怀疑地问道。

"怎么会呢？我绝对是一个讲信誉的好狼啊！什么16只，估计你眼花记错了吧？"土狼的眼神躲躲闪闪，矢口否认。

狗獾环顾了一下四周，看到不远处被土狼吃剩下的草原鼠的尾巴，一下子明白了过来，它气愤地说："我把你当作好的合作伙伴，谁知道你没有诚意呀！好了，我们的合作到此为止。"

说着，狗獾调转身躯，飞快地跑了。

故事中的土狼，打着和狗獾合作的幌子，却暗自吞掉了它们两个共同的劳动成果，这种行为，又怎么能够赢得狗獾的信任呢？这则故事告诉我们，做人以诚为贵，诚，是人身上一种实心实意的美德，真诚地和客户交往，才能让彼此的合作关系长久下去。

其实生活中类似的例子比比皆是。很多人在生意场上，不能做到"以诚待人"，还将问题归结在对方的身上，当他成为"孤家寡人"的时候，还埋怨客户从不信任他，这种为人处世的方式岂不可笑？

让客户感受到真诚的小技巧

在人际交往中，面对客户，如何才能赢得对方的最大信任呢？拿出诚意，带着真诚的态度，无疑是最有效的"武器"，这里有这样几个小技巧不妨学习一下。

一、交人先交心

客户的信任，源于你发自内心的真诚，如果能够让对方切实感受到这份真诚，自然就能够和对方"走心"，轻松地赢取他们的好感与信任了。

有两位年轻的姑娘，去一家餐厅吃饭。也许是被琳琅满目、色香味俱佳的美食给吸引住了，两位姑娘一口气点了许多菜。

在一旁的服务员，拿起她们点的菜单仔细看了后，真诚地说："如果是你们两位女士用餐，我建议不用点这么多菜。可能你们是第一次来我们店里消费，实不相瞒，店里的菜量都非常大，其实你们二位两三个菜就足够了。你们不妨先点几个菜，看情况再加，好不好？当然，这也只是我的一个小小的建议，还请你们多斟酌。"

两位姑娘一听，顿时对这名服务员和这家餐厅有了好感，哪有饭店害怕顾客消费的呢？于是高兴地接受了这名服务员的建议。点了几个菜之后，果然发现菜量十足，味道也非常棒。用餐完毕，她们也非常感谢服务员贴心的提醒，表示以后会经常来这里消费。

服务员为什么能够赢得两位姑娘的信任？原因很简单，就在一个"诚"字上面。以诚待人，才能以诚动人，心贴近了，信任自然就来了。

二、实心实意，不欺瞒，不说谎

真诚待人，其中一个非常重要的前提就是拿出真心，不去欺哄客户，不去做有损客户的事情，做到了这些，自然会让客户信任你。

在职场中，对客户，最忌讳谎言。除去善意的谎言之外，靠一时的欺瞒来骗取对方的信任，最终必然得不偿失，失去客户的信任。

一名年轻人想要购买一辆二手车，在一家二手车交易市场里，他挑选了大半天，终于相中了一款车，这辆车从外形款式到车辆状况，都令他非常满意。

在询问价格时，老板给年轻人报了一个数字，年轻人听了，恰好在自己的预算之内，确实不贵。

看到这名年轻人准备掏钱购买，老板直截了当地对他说："这辆我卖得比较便宜，实不相瞒，前一段下雨，这辆车进了水，不过不是太严重。如果你非要购买，回去再请专业的人士检查一遍车里的线路，我感觉没问题，就看你是否能够接受。"

原本年轻人还在琢磨为什么这辆车售价便宜了很多，这下他了解到了实际情况，不过他也只是略微思索了一下，就回答说："非常谢谢你实言相告，没有隐瞒。没关系，我回去再仔细检查一遍，排除小故障就可以了。你的真诚让我很感动，也更加放心了，冲你的人品，这个车我买定了。"

双方愉快成交后，年轻人还和这位老板成了好朋友，时不时介绍自己的朋友过来购买车辆，在整个二手车交易市场里，也数这位商家的生意最为兴隆。

真诚，就隐藏在一言一行中，相信我们付出真诚，也必定能够赢得客户的信任，有信任，自然就为彼此的交往和合作奠定了深厚的基础。

只做盟友，不做死党

你了解距离法则吗

鬼谷子有这样一句话，说得非常有哲理："君臣上下之事，有远而亲，近而疏，就之不用，去之反求。"

这句话是什么意思呢？在这里，鬼谷子告诉世人，君臣之间的相处之道，蕴含着一种非常奇妙的现象。比如有些臣子和君王的距离并不是那么亲近，然而关系却极其亲密；有些臣子和君王的距离比较近，每日里看似形影不离，像是心腹一般，却偏偏得不到重用，关系反而没有距离远的臣子亲密。

为什么会出现这样的反差现象？其中的道理又是什么呢？实际上，这就是人们口中"距离法则"的体现。在人际交往中，很多时候，人与人一旦关系太过亲密，久而久之，便会心生嫌隙，产生矛盾纠纷，最终会导致彼此关系的疏远。

反过来，人与人交往时，彼此保持一定的距离，就像君子之交那样，恬淡如水，反而能够让双方的友谊长久地保持下去。

三国时期，许攸就是因为不懂得距离法则，在曹操面前显得和领导关系过于亲密，反而酿成了杀身之祸。

许攸年轻的时候，和曹操的关系非常好。不过到了后来，曹操自立门户，开始为自身的"皇图霸业"而奋斗；而许攸，则投靠了袁绍，成了袁绍手下的重要谋士。

官渡之战开始后，许攸审时度势，再加上受袁绍猜忌，他一怒之下，投奔了曹操。和曹操相见，许攸仗着多年前两人交好的情谊，直接张嘴就喊："曹阿瞒，我猜你军营里面的粮食不多了吧？"

曹操对许攸前来投靠，原本极为高兴。哪知许攸一上来，就直呼曹操的小名，而且是当着众多将领的面，这让曹操极其不舒服，内心恼怒，但正值用人之际，他只得强忍怒火，假意和许攸客套寒暄。

许攸却丝毫未能察觉曹操内心的不快，在他看来，"阿瞒""阿瞒"地随意喊无所谓，没什么了不起的。但他不知，现在的曹操，已经不是当年的"发小"了，手握重兵的他，俨然是一方诸侯，同时从身份地位上讲，他又是许攸的上级，许攸故作"自来熟"的行为，自然是极其不妥当的。

不过许攸未能及时收敛自己的言行，依旧把曹操当作自己的"发小"看待。官渡之战，曹操采用许攸的计策大败袁绍后，许攸更加洋洋得意，他指着城门对曹操说："阿瞒，你看看，如果没有我的计谋，你能够进入这座城池吗？"

不拿曹操当领导不说，还如此居功自傲，曹操当下就起了杀心，后来他找了一个借口，将许攸处死。

可怜的许攸，临死也不知道自己死于和曹操"不分彼此"。不能和领导保持一定的距离，处处以"密友"自居，他的死，也只能说是咎由自取了。

古往今来，像许攸这样，与"发小"最终反目成仇的例子屡见不鲜。在职场中，和上级太过亲近，忽视了"距离法则"，一旦影响了对方的形象，自然不会有什么好的结果。

能盟友，不死党

从"距离法则"延伸开去，在职场中，我们和人相交就应该懂得，能和对方做盟友，就不要和对方做死党，切记要把握好彼此之间相处的距离。

为什么在人际交往中，非要强调"能盟友，不死党"的社交原则呢？其中的原因不难理解，盟友关系可进可退，处理人际关系时可以做到游刃有余。

我们知道，盟友关系，一般是为了共同的利益，或者是为共同的目标追求而结成的同盟关系。在这种关系下，既不会影响盟友内部成员对共同利益的争取，同时也可以因目标的完成而宣告解体，直截了当，干脆利索，不受任何的限制和束缚。

一句话可以概括：双方谁也不欠谁的！合作时亲密无间，分开后云淡风轻，这不正是一种让人身心轻松的合作关系吗？

尤其在职场中，在合作中建立起盟友关系，利益目标一致，奋斗时同心相行，各自有所付出，各自也有所收获，简简单单，无须掺杂过多的情感因素，也少了一旦日后反目时的诋毁攻击。

可是"死党"关系就不同了。一旦和身边的朋友、同事乃至客户结成死党，那么就意味着将彼此完全"捆绑"在了一起，无论输赢，不允许有反悔的行为发生，否则将会被视作"背叛"，双方原本亲密的关系也会就此反目，彼此互相视对方为最大的"仇敌"，以至于"老死不相往来"。

还有一个不利的地方是，彼此结成了"死党"，因为受情感的羁绊，在对事物发展的判断和决策上，将会带来极大的负面影响，或瞻前顾后，左右摇摆，导致良机一再错失；或彼此埋怨，相互指责，在内耗中坐困愁城。最终目标没有完成不说，多年辛辛苦苦建立起来的友谊大厦，也由此轰然倒塌，让人身心负累。

职场中的合作，本是一个相互借力的共存关系，通过建立盟友关系，在彼此保持一定距离的基础上，你借我力，我借你力，达到互惠互利的目标，才是最为明智的做法。

利益互补，追求共赢

懂合作，还要懂得利益互补

当今时代，是一个讲究合作的时代，也是一个讲究利益互补的时代，光想着如何独占利益，不懂得和他人分享利益，形成利益互补的关系，必将付出沉重的代价。

"三个和尚没水吃"的寓言故事家喻户晓。原本山上只有一个和尚时，和尚勤勤恳恳，每日里虽然忙忙碌碌，但也衣食无忧。

不久，山上多了一个和尚，简单分工后，劳动量均等，谁也没意见，也将就着能相安无事，安稳度日。

谁知道当同伴又增加了一名，情况就发生了令人意想不到的变化。三个和尚之间，开始推诿扯皮，你看我，我看你，最后导致三个和尚没水吃的局面发生。

为什么会出现这种局面呢？其中的原因，无外乎他们三人都太精明了。人多了，却忘记了合作的道理，各自打起了小算盘，谁都怕多干活儿吃了亏，自己辛辛苦苦打来的水，让别人坐享其成，岂不是太亏了吗？既然如此，那就谁也不劳动，谁也没水吃，看最后谁先挺不住。

从"三个和尚没水吃"的故事中，我们看到了合作的重要性。为了共同的目标和利益追求，必须开展良好的合作，形成稳固的盟友关系，才能"有水吃"。

进一步分析，在人际交往中，利益共享是合作的基础。如果任何一方缺乏共享利益的情怀，合作关系就很难建立，最终会导致两败俱伤局面的出现。

古时候，两位年轻人走在荒漠中，他们带的干粮都吃完了，却依旧看不到希望的出现。

正当他们快要绝望时，远处走来了一个老人。老人告诉他们，再坚持坚持，走过荒漠，就会遇到一片蓝海。到了那里，一切困难就都会过去。

为了帮助两名年轻人继续前行，老人将随身携带的鱼竿以及钓上来的几条鱼，都给他们留了下来。他认为有鱼竿，又有食物，两名年轻人就能保住性命了。

谁知当老人走了之后，两名年轻人却闹起了内讧，争执不休，各不相让，谁都想把鱼竿和鲜鱼据为己有。

最后没办法，他们通过抓阄的方式，一名年轻人得到了鱼竿，另一名年轻人得到了鲜鱼，这才打破僵持的局面。

得到鲜鱼的那个年轻人，因为实在太饿了，赶忙拿出一条鱼，简单地收拾了一下，借着烈日的炙烤，将半生不熟的鱼儿吃下了肚。

而得到鱼竿的那名年轻人，渴望能尽快走到海边，用鱼竿钓出大鱼，美美地享用一番。于是他带着鱼竿，继续按照老人指引的方向前行。

最后两名年轻人的结局是什么呢？他们得救了没有呢？当然没有。拿着鱼竿的那名年轻人，又渴又累又饿，快要走到海边的时候，他再也支持不住了，倒在地上死去了，手里的鱼竿，也被海浪卷走了。

那名得到鲜鱼的年轻人，虽然吃得饱饱的，有力气走到海边。可是他发现手里没有鱼竿，再也钓不上鱼儿食用，吃光了老人给的鱼之后，没有新食物补充的他，也很快饿死了。

一个月后，当老人再路过这里时，他看到了两名年轻人的悲惨下场，不由暗自叹息：因为不懂得利益共享，独占利益的贪念将他们都给害死了。

利益互补是共赢的基石

从上述两则故事中，我们应该明白，身处职场，一定要让自己树立起团结合作、利益互补的共赢思想，如此才能在人生的前进道路上走得更远。

举一个简单的例子，在完成一件特别困难的事情时，单凭自身的力量难以做到，此时联合身边可以联合的人，讲明利益关系，以成果共享为导向，一起努力奋斗，是不是就轻松容易很多了呢？

当今社会，合作共赢是核心点。很多事情，依靠一个人的力量去完成它，确实有着很大的困难，单打独斗的结果，往往是付出了大量的心血和精力，却依旧一事无成。

即使有少部分人，获得了"单赢"，独占了利益，也会因为缺乏合作意识，而被竞争对手嫉恨万分，非要形成"你死我活"的竞争局面，从长远来看，这是最为短视的一种做法。

以现代社会的高科技产品为例，任何一家企业，都很难形成封闭式的全产业链条，必须和其他客户展开广泛的合作，形成利益互补的发展格局，才能在激烈的市场竞争中立于不败之地。

如我们司空见惯的手机，它的外壳、芯片乃至操作系统，是各个高科技企业通力合作的结果，各取所需，各得利益，才盘活了一池春水，单凭一家企业，想要完成产品全链条的延伸和覆盖，试图独占所有利益，显然是非常不现实的。

因此说，高情商的职场人士，无论和朋友相处，还是和客户合作，他们总是能将"利益互补"的理念放在第一位，在相互合作、相互扶持、相互成就中，形成资源共享、利益均分的共赢局面，这才是最佳的良性竞争态势。

参考文献

[1] 常智山. 沟通：拓展人脉的智慧书 [M]. 北京：中国纺织出版社，2005.

[2] 陈玉新. 所谓情商高就是懂分寸 [M]. 北京：台海出版社，2019.

[3] [美] 戴尔·卡耐基著，余杰译. 卡耐基最受欢迎的说话艺术 [M]. 北京：中国纺织出版社，2012.

[4] 邓峰. 情绪掌控术 [M]. 汕头：汕头大学出版社，2014.

[5] 范博仲. 沟通就是领导力：突破性领导力之卓越沟通 [M]. 北京：人民邮电出版社，2014.

[6] 贺奎. 活学心理读心术 活用心理操纵术 [M]. 北京：中国纺织出版社，2011.

[7] [德] 拉尔斯·舍费尔著，余荃译. 不可缺失的信任 [M]. 北京：北京联合出版公司，2017.

[8] 郎树成. 高情商交际法则 [M]. 北京：煤炭工业出版社，2019.

[9] 李彪. 会说话好办事：必学的沟通技巧 [M]. 北京：电子工业出版社，2013.

[10] 李清. 社交心理学 [M]. 沈阳：沈阳出版社，2017.

[11] 梁执群. 社交心理学 [M]. 北京：开明出版社，2012.

[12] 牧之. 让你人际烦恼一扫光的社交心理学 [M]. 上海：立信会计出版社，2015.

[13] 祈莫昕. 别怕，我是社交心理学 [M]. 长春：北方妇女儿童出版社，2015.

[14] 寿长华. 用理智驾驭情感 [M]. 北京：新世界出版社，2011.

[15] 谭小芳. 受用一生的 22 堂人情世故课 [M]. 北京：中国纺织出版社，2013.

[16] 万小遥. 5 分钟打动他人心 [M]. 北京：机械工业出版社，2011.

[17] 王恩界. 心理学与人生 [M]. 北京：科学出版社，2015.

[18] 王光耀. 读心之术，交人之法，做事之道 [M]. 北京：中国长安出版社，2010.

[19] 王邈. 行为心理学：肢体语言解读与识谎 [M]. 北京：化学工业出版社，2013.

[20] 王雅军. 社交语应用辞典 [M]. 上海：上海辞书出版社，2011.

[21] 小枝. 可怕心理学大全 [M]. 北京：中国华侨出版社，2018.

[22] 晓鹏. 心理学的智慧：人际交往中的心理策略（实践版）[M]. 北京：中国妇女出版社，2013.

[23] 邢思存. 微表情心理学 [M]. 北京：中国华侨出版社，2013.

[24] 杨燕. 社交心理学 [M]. 天津：天津大学出版社，2007.

[25] 袁美昌. 理智人生 [M]. 南昌：江西人民出版社，2002.

[26] 张鹤. 社交达人修炼手册：完全图解社交心理学 [M]. 北京：

人民邮电出版社，2013.

[27] 张印 . 心理学与控制力 [M]. 北京：中国法制出版社，2016.

[28] 赵广娜 . 我能让你笑：幽默是个技术活儿 [M]. 上海：华东师范大学出版社，2012.